まちづくりブックレット 7

新たな時代への地域運営組織を考える

――守る・攻める・創る　江の川流域の取組から

コミュニティ政策学会 監修
コミュニティ政策学会中国地域研究支部編集委員会 編著

東信堂

「まちづくりブックレット」を手にみんなで考えよう

地域コミュニティとコミュニティ政策について、市民たちが自分ごととして考えていける素材を提供することを目指して、このブックレットシリーズを刊行します。

コミュニティ政策学会は、すでに 2013 年から『コミュニティ政策叢書』を、東信堂のご助力を得て、刊行してきていますが、さらに裾野を広げて、一般の読者にも読みやすく分かりやすいブックレットを考えました。地域住民組織、地域まちづくり、地域福祉、地域民主主義、地域分権、地域のつながりなどなど、地域のことを考える共通の言論の場をつくりたいとの思いから、企画しています。

この小さな冊子を手にとって、ともに考えてみませんか。

2020 年 1 月
コミュニティ政策学会

はじめに：フォーラム開催の経緯と概要

手島　洋

◆フォーラム開催の趣旨

少子高齢化が進む中国山地で「もう一つの役場（地域運営組織）」の提案がされたのが二〇〇〇年。地域運営組織は、『会員一軒の自治会』が象徴するように過疎化が進む中国山地で自治会の維持継続が困難になるなか、「大字（市町村内の区画名称）」単位や旧小学校区規模での「新たな地域の仕組み」を模索したものである。

「地域運営組織」は、地域共同体としての自治会の役割に加え、独自の収益事業なども展開し、「地域の経営」を目指そうとして試みを進め、自立的な地域維持の切り札として注目されてきたが、その後人口減少が更に進むなか、改めて地域運営に「知恵の交換」「社会技術の磨き合い」が必要になってきた。

本書はこうした課題意識のもとでコミュニティ政策学会中国地域研究支部が主催した移動フォーラム「新たな時代への地域運営組織を考える—守る　攻める　創る　江の川流域の取組から—」の全容が収録されたブックレットである。

移動フォーラムでは、島根県邑南町口羽地区での綿密な調査と研究作業により明らかにされた集落の実態の事例、広島県作木町で自治組織と意見交換・課題整理の結果を「まちづくりビジョン」への反映を試みる「一般社団法人　作木自治連合会」の事例、さらに邑南町で先駆的に地域課題の解決に取り組む「特定非営利活動

法人　はすみ振興会」の事例について報告を中心に「こまっても、困らない地域づくり」について参加者とともに考える機会が持たれた。

このフォーラムは、コミュニティにかかる理論と実践を図る研究組織として二〇〇二年に設立されたコミュニティ政策学会の趣旨である研究と実践の交流を地域活動実践が行われている現場で行うことを目的に行われたものだった。いま日本全国で進展しつつある人口減少のフロントランナーである過疎地において、維持が困難になってきた地域自治組織の役割を再構築する住民活動の先駆的実践を学ぶため、広島県内外のコミュニティの活動に携わる人や関心のある人が集まったフォーラムだった。

◆フォーラム開催の経緯

このフォーラムを主催した中国地域研究支部は、コミュニティ政策学会の五番目の研究支部として二〇二一年に設立された。二〇一八年の七月に福山市立大学で開催準備が進められていた全国大会（実際には豪雨災害により開催が一旦中止となり、同年一二月にシンポジウムだけが開催された）の実行委員会に参加していた会員を母体にして、近隣県同士での研究交流を図るためにコロナ禍のなか準備を重ねて二〇二一年八月に中国地域研究支部は設立された。

中国地域は、東西を関西と九州に挟まれ、南北を瀬戸内海と日本海に挟まれた広島、岡山、山口、島根、鳥取の五県をエリアとした地域である。エリア内の市町村は、最大都市の広島市でも人口一二〇万人あまりで、その多くが人口一〇万人未満の規模の中小都市と町村であり、過疎地域の課題が広くみられるエリアである。山間地や離島での公共交通機関の縮減による移動手段の確保の課題、商業施設や病院などインフラの空洞化による生活手段の危機の課題、労働環境の不足から若年層の転出或いはUターン不足によるあらゆる産業での人材不足の課題など、あらゆる過疎地域の課題に直面しているのが中国地域の共通した特徴である。

中国地域研究支部は、設立当初から中国地域の固有の特徴をテーマにした研究を進めることを大切にしてきたが、設立の翌年二〇二二年に中国地域での過疎地の課題を現地で学び、実際に現状を目で見て考える研究事業として計画したのがこのフォーラムだった。

◆フォーラムの問題意識

このフォーラムは、サブタイトルにもあるように広島県と島根県を貫くように流れる江の川流域での住民活動の実践から学ぶことを主なねらいとして開催された。

江の川は、広島県北広島町から島根県江津市に流れる河川で、急斜面の山が連なる山間地を縫って流れている。この川の流域に住む住民は、度々水害に悩まされながらも工夫を凝らし生活基盤をつくり上げてきた。近年の過疎地の課題に対応するため、二〇〇四年に流域の住民の有志により特定非営利活動法人ひろしまねを設立し、地域の課題に対応する地域活動を進めてきた。ここで進められてきた地域活動は、緻密な調査により地域の住民と地域組織の現状と課題を分析し、この地域に必要な対応策を事業化している。その事業を担う事業の実行組織として、有限責任事業組合「てごぉする会」を設立している。

いま、人口減少社会である日本の過疎地域では、共通する課題を抱えている。それは、都市部を上回る急速な人口減少と高齢化による地域住民組織の衰退、住民活動人材の減少、こうした課題に取り組む経営的に自立した持続可能な組織の姿の展望が見えないことである。こうした課題に取り組んでいる江の川流域の住民活動の試みは、多くの過疎地域の今後の地域活動の在り方に一石を投じるモデルになるのではないかと私たちは考えている。

◆当日の開催状況

上記の問題意識のもとで、このフォーラムが企画され、二〇二二年一一月一二日〜一三日に広島県三次市作木町の文化センターさくぎで開催した。

プログラムは、最初に以下の三つの報告があった。（発表内容の詳細は省略する）

「人口データからみる自治機能再編に向けた取り組み―羽須美（はすみ）地域の事例から―」
嶋渡克顕氏（特定非営利活動法人ひろしまね 主席研究員）

「作木町の現状と課題―自治連の今後の取り組み―」
瀧奥祥二郎氏（一般社団法人作木町自治連合会 理事長）

「NPO法人はすみ振興会の活動とこれから目指すもの」
小田博之氏（特定非営利活動法人はすみ振興会 理事長）

この報告後に、参加者間のディスカッションが行われた。また、翌日には、島根県邑南町のはすみ振興会の現地視察も行った。

当日は、会場参加者が一九名（報告者を除く）、それにオンラインの参加者も一四人あり、合計三三名の参加のもとで行われた。参加者は、地元の広島県と島根県を中心に四国からも会場にかけつけていただき、関東や関西の方もオンラインで参加いただいた。参加者からは、オンライン参加の方も含めて多くの質問や意見が出され、報告内容を深めることができた。

また、一日目の夜は、懇親会が行われ、二日目の現地視察にも数名が参加された。

目次／新たな時代への地域運営組織を考える――守る・攻める・創る　江の川流域の取組から

1 フォーラム【事例報告】

1 嶋渡克顕「人口データからみる自治機能再編に向けた取り組み
――羽須美地域の事例から――」

邑南町旧羽須美村の口羽生まれの嶋渡です。今、僕は広島市内と実家のある羽須美で二地域居住をしながら島根県中山間センターの客員研究員、NPO法人ひろしまねとNPO法人はすみ振興会のプロジェクトのコーディネーター業務、建築設計事務所等、色々なことをしています。

今日は羽須美地域、特に口羽地区が進めている新しい地域自治機能の仕組みづくりについて報告します。本日のタイトルに「人口のデータから見る」とあるのは、研究的視点を持つことを示しています。地域での会議には多くの若者が参加していますが、少し上の世代の参加者は「わしらはこのようにやっとったけぇ」と感情論が勝りがちです。そこで過去の数字を追いながら、客観的に将来的な一〇年後あるいは一五年後のビジョン示すことで、自治機能を見直していこうと努めています。

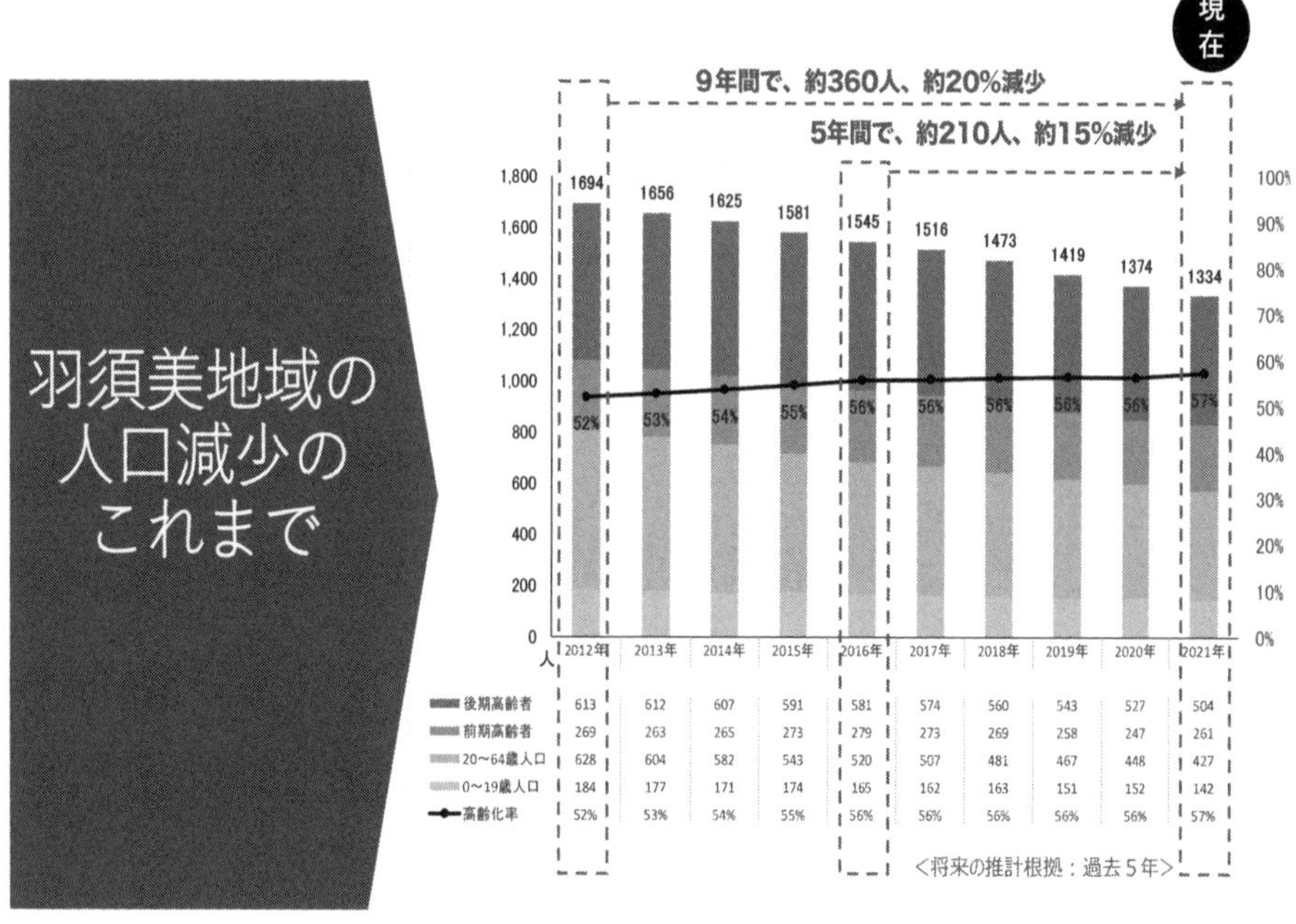

	2012年	2013年	2014年	2015年	2016年	2017年	2018年	2019年	2020年	2021年
後期高齢者	613	612	607	591	581	574	560	543	527	504
前期高齢者	269	263	265	273	279	273	269	258	247	261
20～64歳人口	628	604	582	543	520	507	481	467	448	427
0～19歳人口	184	177	171	174	165	162	163	151	152	142
高齢化率	52%	53%	54%	55%	56%	56%	56%	56%	56%	57%

図表１　羽須美地域の人口・高齢化のこれまで

(1)羽須美地域の現状と取り組み

羽須美地域の人口減少の現状(二〇一二年から二〇二一年)をみると、人口が約二〇%減少しています。後半の五年間で一五%減少しており、近年になるほど減少速度が上がっています(**図表1**)。また過去五年間の変化率から将来人口を推計すると、現在の一三三四人から一〇年一五年後には四〇%減少して、三〇年後には四八四人と半分以下になると予測されます。こうした予測により危機感を煽るだけではなく、同時に人口を維持できる可能性もあるという話をセットで考えるようにしています。

過去には、人が少なくなったら「少ないなりに慎ましく楽しく生きていこうや」という時代も一〇年位ありました。ただ、安心して暮らし続けていく為には、医療や介護サービスが必要ですし、若い人もそれな

助け合い・支え合い、生活支援の仕組みも変えていく必要性がある！

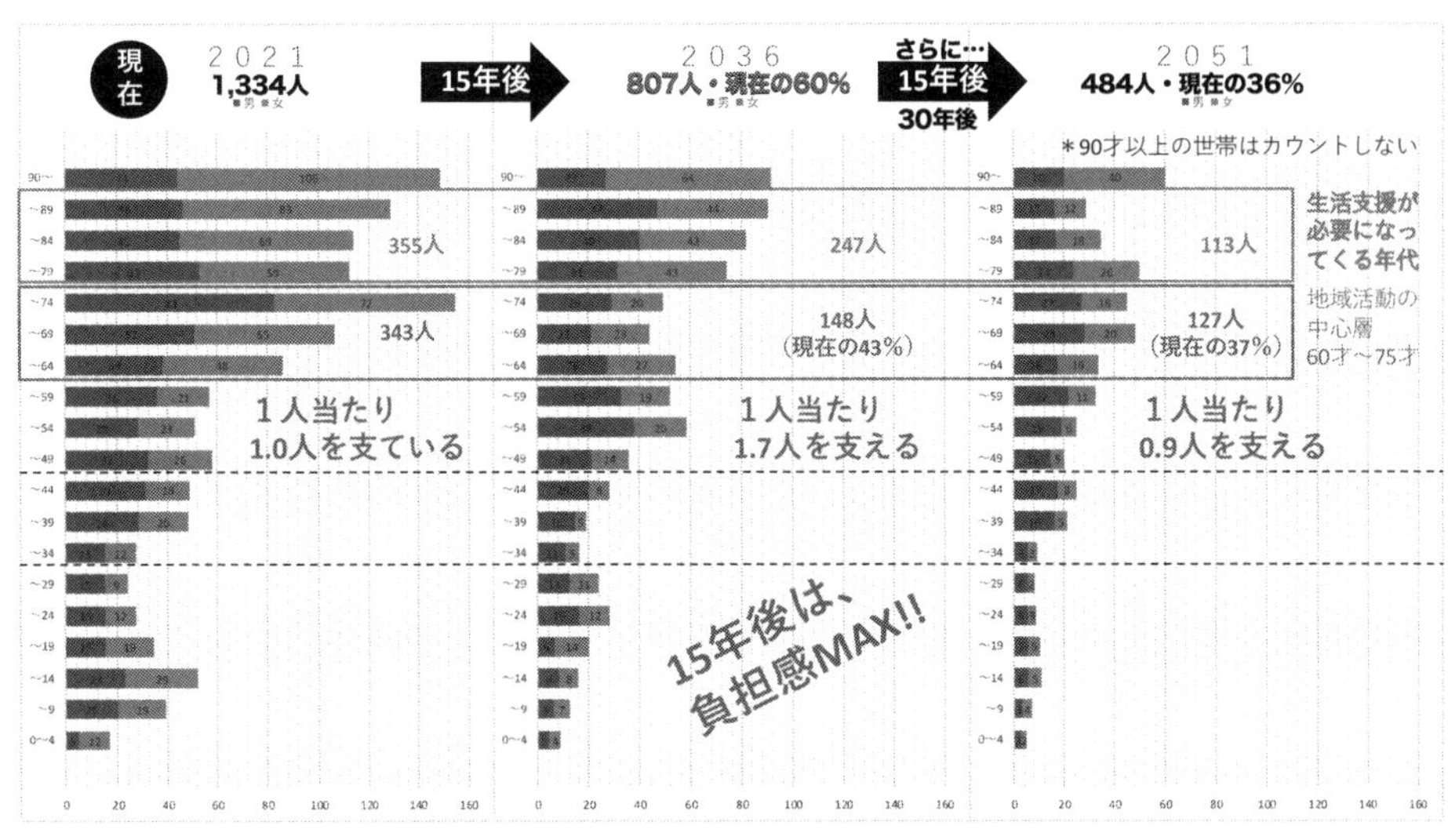

図表2　羽須美地域の人口の今後

りにいないと自治会運営も回っていきません。今元気な人たちが安心して最後まで楽しく暮らしていくために、自分たちが楽しく生きるだけではなくて、最低限度の生活機能や福祉共助の仕組みを維持していきたいと話を始めています。

図表2は、昨年作ったシチュエーションデータです。二〇二一年の一三三四人から一五年後(二〇三六年)には八〇七人、三〇年後(二〇五一年)には四八四人と減ることが予測されます。このうち生活支援や介護等が必要になってくると思われる年代の七五歳以上は、二〇二一年には三三五人、二〇三六年には二四七人、二〇五一年には一一三人と予測されます。

今現在の地域活動のリーダーとか、自治会、常会(地域コミュニティの住民組織の名称には、自治会・町内会のほか、地域により常会、区などがある)、また各種の部会の役員を主に担っている方、例えば「はすみ振興会」でデマンド交通の運転手を担っている

フォーラム会場の様子

人の中心層は大体六〇歳から七五歳で、定年後の少し自由な時間ができている世代です。今の七〇歳位の方は非正規でも働ける方がたくさんいます。このため、現在(二〇二一年)は支援が必要になる七五歳以上に対して、地域活動のリーダー層が一対一の状況にあります。しかし一五年後には団塊の世代が七五歳以上を超えて、高齢化率は下げ止まりますが、高齢者を支える人口もぐっと減り、一五年後には一人が一・七人を支える、今の一・五倍ぐらいの負担感になってきます。

三〇年後の大まかな予測を示した理由は、団塊ジュニアである現在の三〇代から四〇代が六〇歳から七五歳になる三〇年後の状況を示したかったためです。この手前の年代から若い世代の参画が必要になり、少ない人数でも持続可能で楽しんでできる、負担を強いない色々な自治の仕組みづくりが必要不可欠ですよね、と示すために図表2を作りました。

支える側の負担がMAXになる一五年後に対応出来そうなこととしては、①地域行事を統合したり、お祭りなどのイベントの規模を半分に整理すること、②行政などから割り当てる役を、集落に一人、自治会に何人と割り当てるのではなく統合整理していくこと、③集落の役員や出役、道草刈りを含めて、集落の枠を超えて助け合うようにして、今の半分の人数で運営することなどを考えています。まず手始めに、町の広報配付を自治会単位くらいで一本化して、作業を仕事として共有して、負担を減らすことを考えています。

(2)口羽地区の自治会・集落の現状

次に羽須美地域にある口羽地区内の自治会別に世帯と人口の推移を見ていきます。二〇二二年の世帯数は、上口羽自治会で三一世帯、口羽町自治会で五五世帯、上田区自治会で八三世帯、下口羽自治会で一一五世帯で、口羽地区全体では二八四世帯です。二〇〇七年の口羽地区全体の世帯数は、三七三世帯でしたが、二〇〇七年から二〇二二年の一五年間で上口羽自治会は一一世帯、口羽町自治会は一三世帯、上田区自治会は四三世帯、下口羽自治会は二二世帯が減少して、口羽地区全体では九一世帯(二四%)が減少しました。二〇二二年の人口は、上口羽自治会で五二人、口羽町自治会で一〇九人、上田区自治会で一七二人、下口羽自治会で二五一人で口羽地区全体では五八五人です。二〇〇七年の人口は八七二人でしたから二〇二二年までの一五年間に口羽地区全体では二八七人(三三%)が減少しました。

特に元々母数も少ない上田区は激減しており、自治会などの運営が難しくなっています。いずれの自治会でも世帯数は持ちこたえていますが、人口は大きく減っています。

さらにミクロ的に自治会の中にある集落の変動を見ていくと、元々規模の少ない集落では世帯数が大きく減らずに何とか維持しているところもあります(図表3)。しかしこのデータは住民基本台帳ベースですので、実際に暮らしている方は極端なところで半分以下になるし、多いところでもこれより一割から二割少ないという印象を持っています。

このうち口羽地区の四自治会内にある二〇集落ごとの高齢化率を見ると、世帯数が二〇以下の集落では高齢化率が高くて七割から九割です。一方で、人口がある程度集積している集落では若い人もいて、高齢化率は四〇％と比較的に低く維持されています。集落の規模が二〇世帯を下回り、一〇世帯一五人〜二〇人となると、地域の運営自体が困難になってきます。

先ほど世帯数と人口の推移を見た際に、世帯数は維持されてきた一方で、人口は減っていました。これは世帯の規模が小さくなったことを意味します。昔

5年毎の世帯数と現在の高齢化率

世帯数			2007	2012	2017	2022	高齢化率
上口羽自治会	1	川角	11	9	9	8	90.0
	2	神谷	14	13	12	9	71.4
	3	原田	17	17	15	14	75.0
口羽町自治会	1	口羽町上	31	27	27	23	73.8
	2	口羽町下	32	31	31	27	57.6
	3	青石	5	4	5	5	62.5
上田区自治会	1	江平	15	14	9	5	80.0
	2	上田	23	22	22	20	46.5
	3	平佐	16	14	11	9	59.1
	4	日南川	13	10	9	7	70.6
	5	松木	12	11	12	8	66.7
	6	長田向	18	17	16	15	56.7
	7	長田市	24	23	19	17	57.6
	8	上ヶ畑	5	3	3	2	100.0
下口羽自治会	1	土居	25	24	23	21	48.3
	2	根布	40	36	39	37	40.3
	3	菖蒲	12	11	11	11	93.8
	4	坪木釜谷	20	19	15	13	66.7
	5	西之原上	22	19	19	20	51.1
	6	西之原下	18	17	14	13	53.6

●世帯数が20以下になってくる、高齢化率：高
●集落の小規模高齢化が進むと、集落行事、役務など、運営が困難。
●20世帯を下回ってくると、約20ある役務の分担も、個人への負担が大きいと。

図表3　口羽地区内の自治会の状況

は三世代同居が多かったですが、核家族化が進み、独居の人が増えています。すると家族の中で助け合えない、助けるのが難しい。集落の中でも助け合うのが難しい。こういう現状を差し迫った事実として感じてもらうために、データを作って地域のリーダー達と話をしています。

口羽地区には二〇集落があり、二〇件の役務があります。多分、作木町もそうですね。ほとんどの自治体にぶら下がっている自治会はこういう感じだと思います。しかし、例えばある集落の場合、家自体は二六軒ありますが、このうち空き家が一四戸、高齢の女性世帯が三戸、七五歳以上のみの世帯が二戸です。つまり残っている約一〇世帯のうち、地域活動が可能な世帯は七戸です。そうなると集落に求められる二〇前後の役務を七戸で輪番することになります。これは特別な事例ではなくて、多分多くの集落でこういう状況が見られます。

⑶集落で抱えている役の数と集約に向けた考え方

集落の役務の中でも最低限維持していきたい機能は、①近所の見守り、災害対応、②親睦・伝統行事、③集会所・街灯管理、④会計管理です。①の近所の見守りや災害時の対応は、地縁の中である程度ケアしていかないと、よその地域からすぐ助けに行くのではタイムラグがあるために、集落内での対応が必要です。②の親睦とか伝統行事には住民の集いの場としての意味があり、①の活動を支えるためにも必要と思います。③の割り当てられている集落の集会所、街灯の維持管理。これは廃止する動きが出るかもしれませんが、町や県には遊休公共施設を自治会や集落に任せたいというスタンスがあるためになかなか難しく、こうした機能も残るでしょう。それから④は会計管理で、各種集金の窓口になることです。うちの集落も含めて口座引

役員、担当委員の主な仕事

作業賃：予算があると仕事にしやすい！

役員名	主な役務、作業
常会長	年間行事、協議会の招集、開催挨拶、総会役員改選議事の進行
副会長	会長不都合の時の代役
会計	会費の徴収、募金、赤十字、社会福祉協会費等の負担金徴収納付、通帳管理
★行政連絡員	行政通達会議出席、毎月の広報配布
自治会担当	自治会へ出席、年１回の総会出欠確認、議事録配布、地区行事参加者まとめ
宮総代	春秋祭典準備、清掃、催行、初詣準備受付、神社維持費徴収納付
寺総代 仏教婦人会	報恩講等の行事準備催行、寺修理時の寄付集め、食事手配、配布物準備
農業共済担当	通達会議出席、共済保険加入継続とりまとめ、広報配布
農協担当	総代会への出席、注文物品のとりまとめ
転作委員	転作面積の把握
保健委員	健診、予防注射の希望者とりまとめ
森林組合担当	総会への出席
ＰＴＡ担当	総会出席、ＰＴＡ会費徴収納付
漁協担当	会費徴収、鑑札配布、河川清掃、雑魚駆除活動参加
葬儀世話役	当家の両隣が務める。役割分担会議招集、葬祭準備催行指示
福祉委員	地区社協総会出席、助け合い行事への参加

図表４　役員・担当委員の主な仕事

き落とし制のところもあり、年間の費用を示した上で自動引落しにする方法は今後広がると思います。ただ通帳は残ります。集落や自治会が統合する上で一番難しいのは、通帳の管理で、持っている通帳をくっつけるかくっつけないかということが一つ大きいハードルだと思っています。

図表4は地区の役員と担当委員の仕事です。**図表5**は口羽地区の三自治会で二〇集落の中の交通上近い位置にある一二集落を対象にして、二〇の役務を少し統合していこうというイメージです。自治会とか集落の枠ではなくて、世帯按分で役務を編成しようという考え方です。ただ、一番下にあるように当面、常会長や会計は、各集落で持つ必要があるのかなと思います。役を集約していっても、公的機関とのつながりですとか、お金の取り扱いは残そうと考えています。

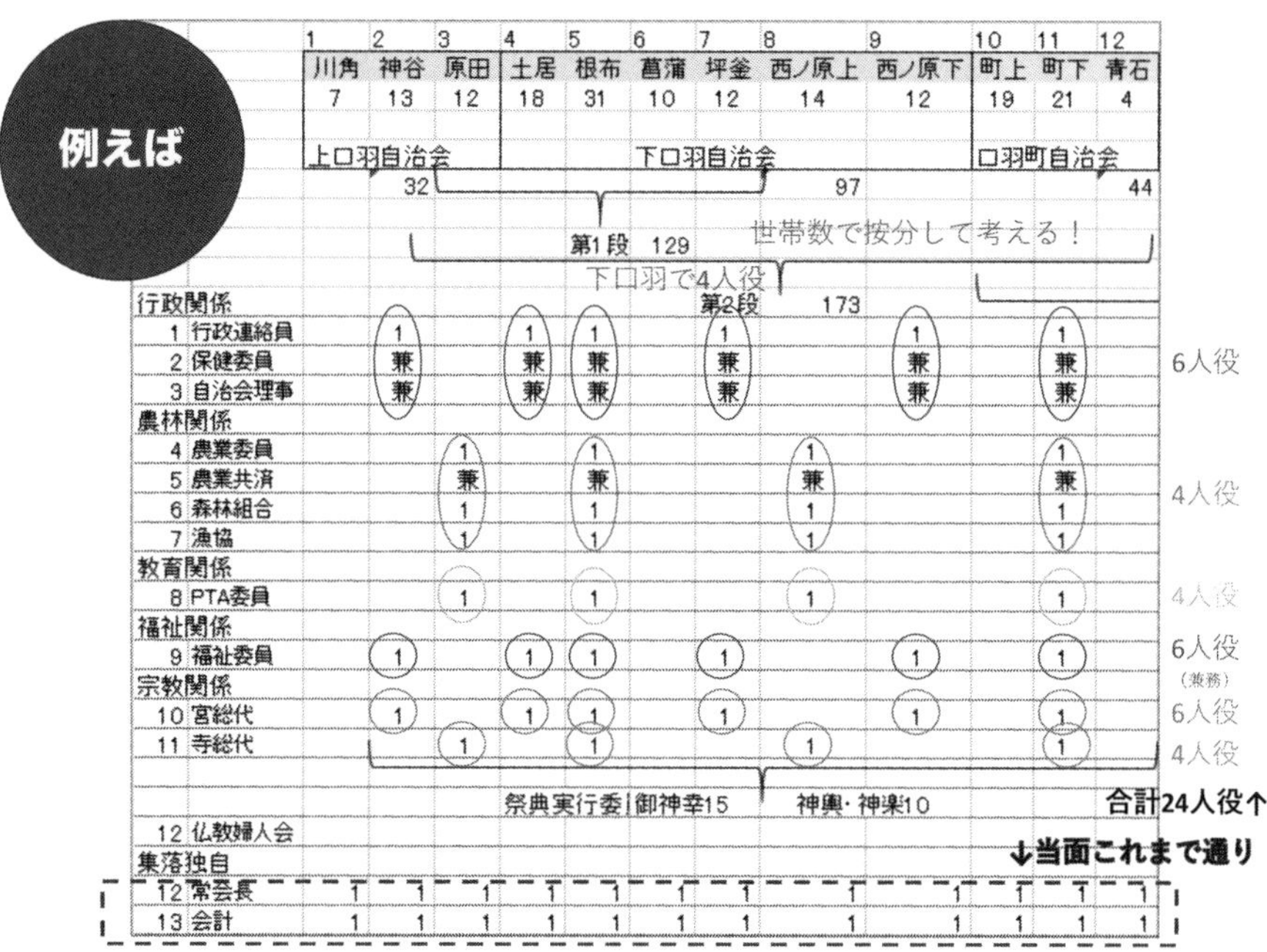

	1 川角 7	2 神谷 13	3 原田 12	4 土居 18	5 根布 31	6 菖蒲 10	7 坪釜 12	8 西ノ原上 14	9 西ノ原下 12	10 町上 19	11 町下 21	12 青石 4	
行政関係													
1 行政連絡員		1		1	1		1		1		1		
2 保健委員		兼		兼	兼		兼		兼		兼		6人役
3 自治会理事		兼		兼	兼		兼		兼		兼		
農林関係													
4 農業委員			1		1			1			1		
5 農業共済			兼		兼			兼			兼		4人役
6 森林組合			1		1			1			1		
7 漁協			1		1			1			1		
教育関係													
8 PTA委員			1		1			1			1		4人役
福祉関係													
9 福祉委員		1		1	1		1		1		1		6人役（兼務）
宗教関係													
10 宮総代		1		1	1		1		1		1		6人役
11 寺総代			1		1			1			1		4人役
12 仏教婦人会													
集落独自													
12 常会長	1	1	1	1	1	1	1	1	1	1	1	1	
13 会計	1	1	1	1	1	1	1	1	1	1	1	1	

図表5　自治機能のみを統合し、役員を減らす工夫

役員の主な仕事の中には、集落や自治会の枠内ではなくて連携してできることもあり、他方で仕事量として負担感が大きい行政連絡員のような仕事があります。具体的には行政通達会議に出席することと毎月の公報配布（**図表5**）。これを共有して行ってはどうか、共同で行うにはどうすればいいか提案を考えているところです。

行政連絡員は役場からの業務委託なので、丁寧に話をして仕事として対価を受け取り、事業を回していくシミュレーションをしています。口羽地区の場合、口羽地区振興協議会の事務局・実行部隊である「口羽をてごぉする会」に業務委託してもらって、広報を配布をする人を七名程度、折込員を二名程度手配します。会議出席者は二名程度にして、会議の内容を各集落代表に報告するという構図

行政連絡員の仕事を口羽地区全体で助け合う提案①

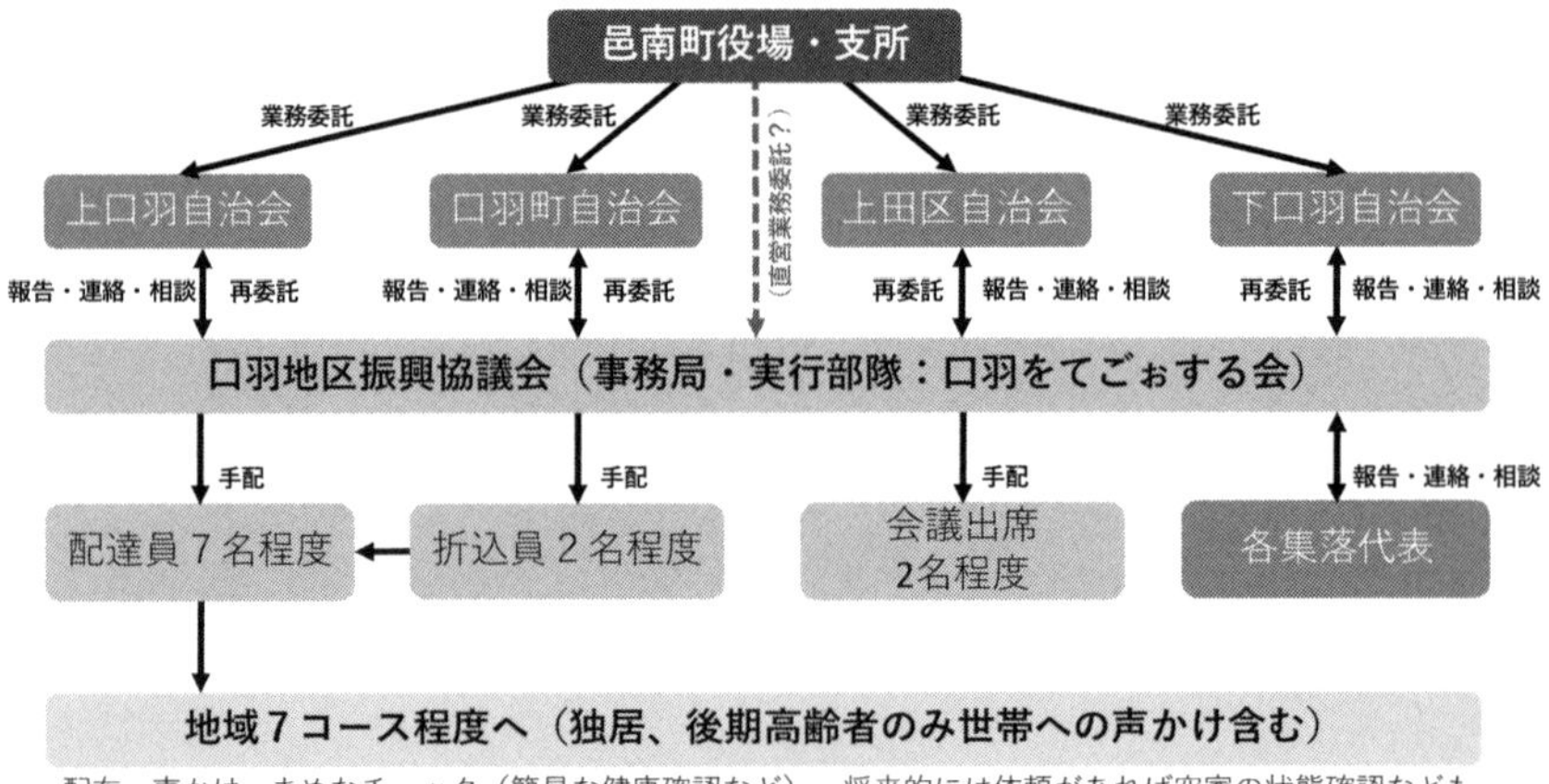

図表６

行政連絡員の仕事を口羽地区全体で助け合う提案②

● 経費の試算案

【邑南町から下口羽自治会への業務委託費からの試算基準】

2022基準世帯数：	115世帯
集落数：	6集落
町からの業務委託：	254,000円／年
戸あたり単価：	184円／戸・月

【行政連絡員の仕事：口羽地区全域をカバーする予算の試算】

2022基準世帯数：	284世帯
集落数：	20集落
想定委託費：	627,270円／年

※戸あたりの単価で試算
※住民基本台帳と実況の整合確認が必要

【留意点】
①20人の仕事を10人役でやる
→配布７人（コース）、折込２人、管理事務局１人

②コースや効率性と賃金の妥当性の検証（試行）が必要

③役場での仕分け作業も無くなる→単価を上げてもらう交渉

④配布者リストの統合（MAPと、まめなカルテ作成）

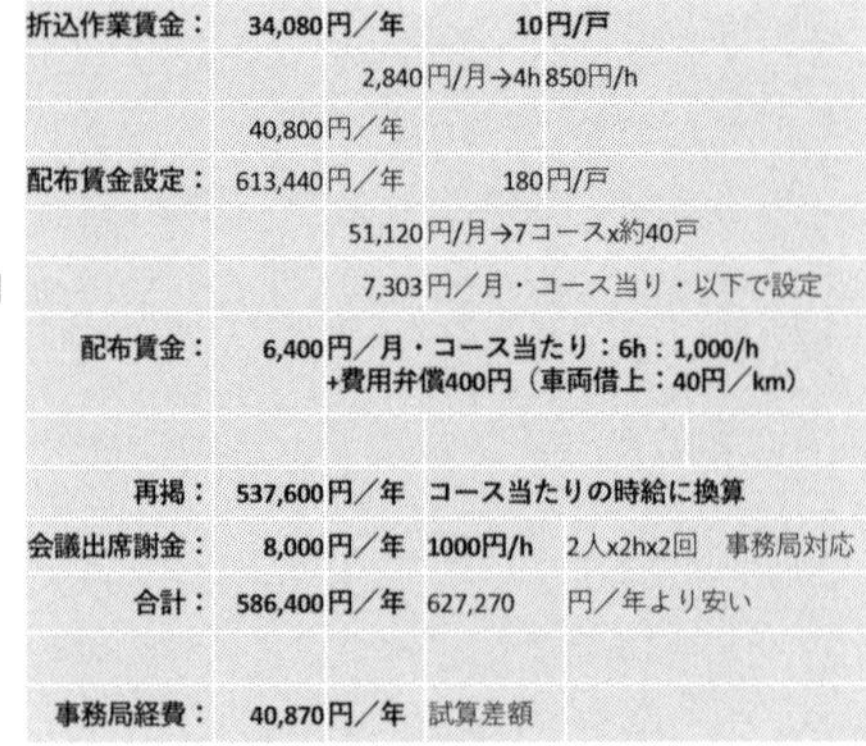

【口羽地区全域を７人のスタッフでカバーする場合の経費】

折込作業賃金：	34,080円／年	10円/戸	
	2,840円/月→4h	850円/h	
	40,800円／年		
配布賃金設定：	613,440円／年	180円/戸	
	51,120円/月→7コースx約40戸		
	7,303円／月・コース当り・以下で設定		
配布賃金：	6,400円／月・コース当たり：6h：1,000/h +費用弁償400円（車両借上：40円／km）		
再掲：	537,600円／年	コース当たりの時給に換算	
会議出席謝金：	8,000円／年	1000円/h	2人x2hx2回　事務局対応
合計：	586,400円／年	627,270	円／年より安い
事務局経費：	40,870円／年	試算差額	

※事務局経費、消耗品費、管理費などに充填

図表７

を考えています（図表6、図表7）。これは五年から一〇年かかる最終形であり、一気には進まないでしょうが。邑南町役場に設けられた「コミュニティ再生に向けたあり方検討委員会」において、町から地域運営組織に業務として委託する話になれば、是非やろうという話になっています。

行政連絡員の業務委託は、広報配布の仕事を効率化だけではなく、地域運営組織は月に一回広報を配布しながら、独居の高齢者に声掛けもしっかりしていきます。「最近ご飯食べられてる？」と声かけしたり、健康状態を把握しながら回ることで、例えば認知症らしき人を地域内でサポートしたり、その様子をお子さんやお孫さんに伝えられるようになるといいなと思っています。

そういう関係があれば、将来的に空き家になっても「木が倒れてきているよ」とかも言えるようになります。広報配りという行政委託事業の経費を使いながら、広報配付に止まらないところもケアできると想像しています。

まとめると、今ある集落あるいは自治会では、昭和初期か中期に確立されたような集落運営の仕組み、あるいは役当てを含めた自治機能の維持がすごく難しくなっています。このため、今の人口規模に合わせた仕組みに再編していく必要があります。集落によって事情は異なるために、みんなが一緒に一斉に出来ないこともあり、現状維持出来る集落とで現状維持出来ない集落があると議論をしています。丁寧に議論を積み上げながら地域の仕事の共同化を実践していくことが、次世代につなげていく大きな方向だと議論しています。一つの提案でも出来るところからやろうと、会議の中でみんなで共有しています。

最後に、自治機能を再編して自治会や集落の仕組みを変えていく必要がある論拠をお示しします（図表8）。人口推計の変化率から見ると、子供連れでUターンしてきた人が少なからずあることがうかがわれます。これ

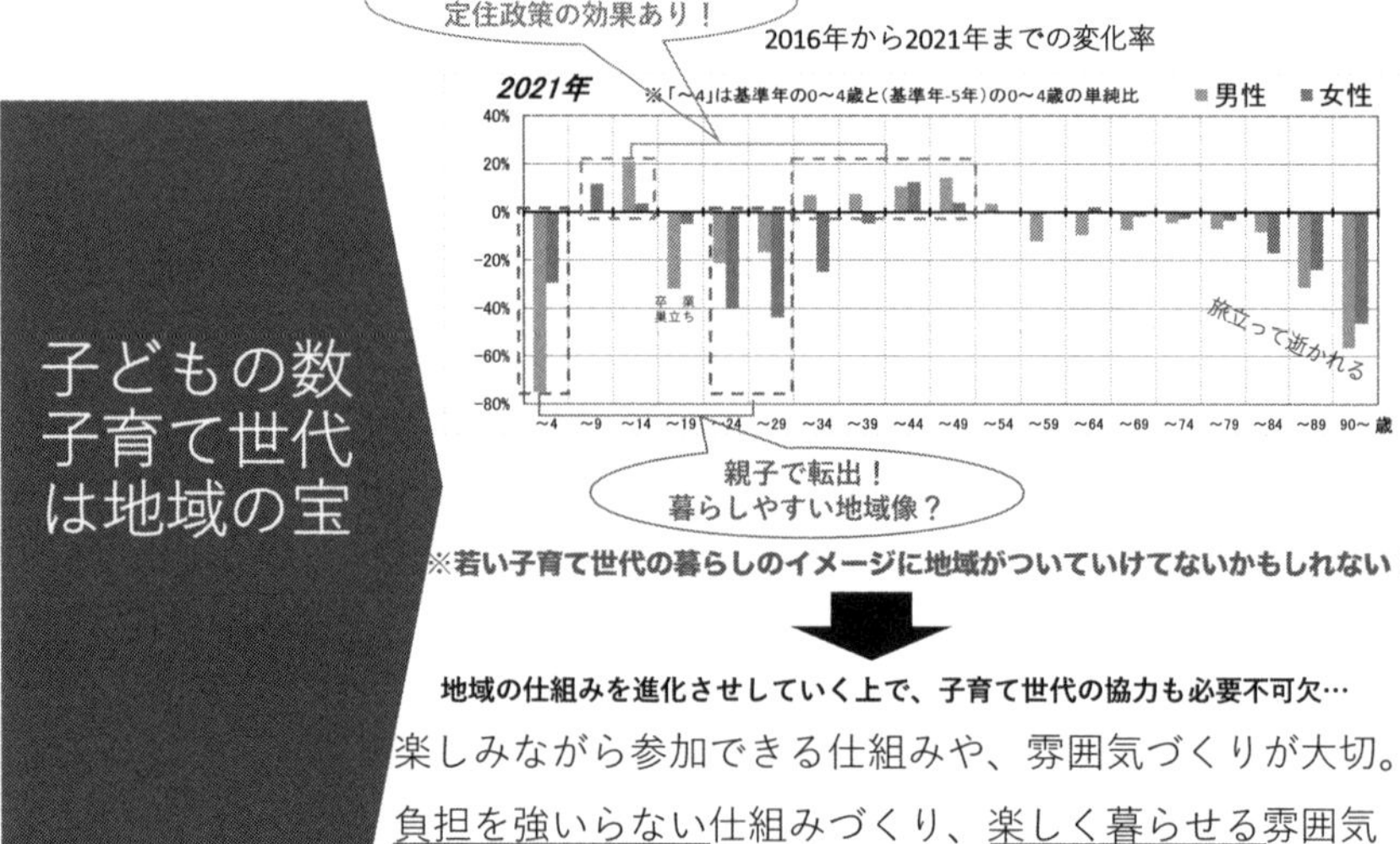

図表8

は定住政策の効果だと思います。一方で、〇歳から四歳と、二五歳以上で転出が多くなっています。高齢者が亡くなる以上に、〇歳から四歳の子供たちが転出していく、あるいは出生数が減っていくというデータです。

今の若い世代は、暮らしに根付いた昭和の地域のルールや「わしらは、こうやってたんじゃ」という雰囲気になかなか付いていけません。そのため羽須美地域や口羽地区のような地域で、少ない数の若者が頑張っていくためには、楽しみながら参加できる活動や雰囲気づくり、楽しい仕組みづくりが必要ではないかと話し合っています。

図表9は一昨年度行った中学生対象の地域の祭りやイベントについてのアンケート結果です。全校生徒は三〇人です。子供の視点から評価した地域コミュニティの状況を知るために、祭りやイベントについて質問しました。「大人も楽

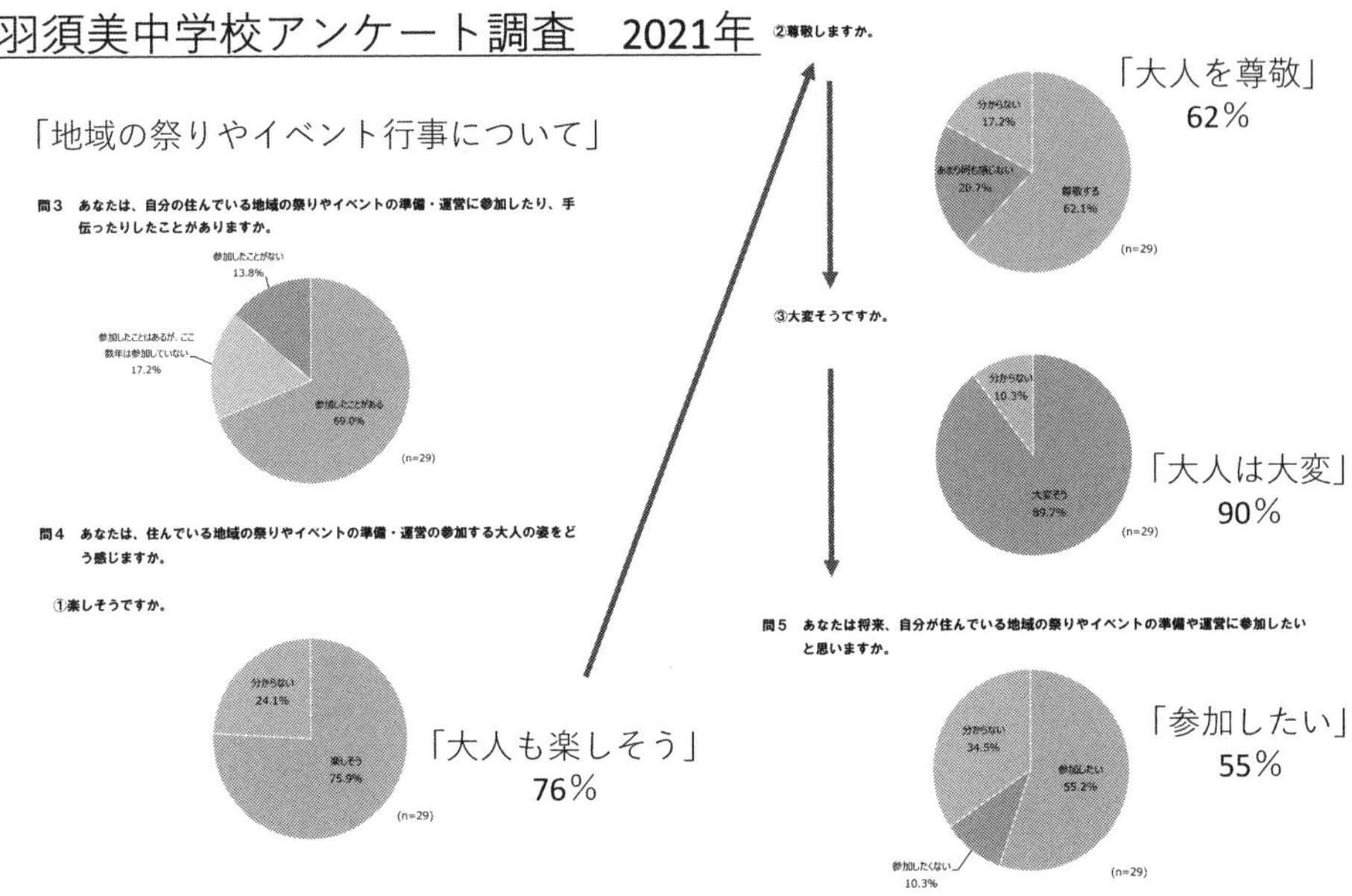

図表９

しそう」という回答が七六%で、八割の中学生は「大人も楽しそう」だと思っています。「その大人を尊敬する」という回答は六二%。一方で「大人は大変そう」という回答が九〇%。最後に「あなたは自分が住んでいる地域の町のイベント準備や運営に将来参加したいと思いますか」と聞くと五五%が「参加したい」という回答でした。祭りやイベントは楽しそう、そこに関わる大人は尊敬する、でも、自分が恩恵を受けたように将来その担い手になろうとは思わない。よく子は親を映す鏡と言われますが、子供は親や祖父母の背中をしっかり見ていて、それをつないでいく存在ですが。

　うちの事務所でも、子供達の居場所を作るような展開をしています。

参加者A：行政連絡員の具体的な役割、また行政連絡員と民生委員の連携などはどのようになっていますか？

嶋渡：行政連絡員、民生委員、その他の福祉系の様々なサポーターは、全て縦割りです。基本的に連携がありません。そこでこれらの仕事を地域の自治機能再編のなかで何とかしようと「口羽をてごぉする会」の定例会議を利用しています。「口羽をてごぉする会」には、地区社協も民生委員も来てもらい、情報を共有する努力をしています。しかし役として連携することは基本無いと思ってください。

行政連絡員の基本的な仕事は、広報を配ること。行政連絡員は町の会議に参加しますが、内容を集落のみんなに伝えるかどうかは委員の判断により異なります。これではもったいないので、不足部分を有志でケアして、プラスの方向に持っていきたいと考えています。

参加者B：役所から地域団体などに対して、広報配りなど役場の仕事をかなり補助金付きでおろして、さまざまな役を住民に依頼しているという話がありました。今の地域自治組織の見直しの中で、役場との業務委託の関係とか自分達の活動や中身をどのように整理しているのでしょうか。

私たちの活動の場合、やらされている感の住民協議会が多いです。民生委員などの縦割りの仕事は、それなりに任務を果たしているのですが、自治協（議会）という大きな組織の中には、さまざまな仕事、例えば役所からやらされている感の強い仕事とか、いわゆる予算消化型の事業があることを、最近疑問に思い始めてきています。まず自分たちが何をすべきかを考えて、活動を見直すべきだと感じていますが、いかがでしょうか。

嶋渡：おそらく論点は、やらされている感があるのかないのか、また将来それを受ける時に業務として成立するのかどうか、ということだと思います。

私は、自治協議会という組織と地域運営組織はイコールではないと思っています。自治協議会は、あくまで集落や自治会の会員の合意を得ながらやっていく性質が強い。一方で地域運営組織、例えば「口羽をてごぉする会」の場合は、この指とまれ方式の有志で作っています。当初は地区社協さんと一緒に協力しながら立ち上げて、会議の中には町社協、地区社協また地元の議員も入っています。「口羽をてごぉする会」でも合意形成は必要ですが、かなり独立して活動しており、皆さんの顔色を窺いながら運営している訳ではありません。

それともう一点。行政の補助制度では「補助金を使わなきゃ」という方式で業務をアウトソーシングしてもうまくいかない。補助制度は、業務契約の形に移行しないと難しいです。役場から受けた仕事を仕様書の内容通りやる場合には、住民の合意形成がいらないので、仕事が進めやすいと考えています。町役場の人達ともそういう話をしています。

一括交付金のように自治協議会にポンと金を出すと、受けた側が会員全員に使い方について了解を取る必要が出てきます。そういう方式ではなくて、業務として公的業務を委託してもらい、きちんと対価をもらい、それに見合う仕事をするという形を考えています。

2 瀧奥祥二郎「作木町の現状と課題――自治連の今後の取り組み――」

一般社団法人作木町自治連合会の理事長の瀧奥です。本日は、作木町在住で、まちづくり等において大変活躍されている安藤周治さんからの依頼により参りました。

私は三次市吉舎町にある県立日彰館高等学校を卒業後、作木村役場に就職しましたが、作木村が近隣市町村と合併し新生三次市になった後、引き続き作木支所に勤務し通算四一年間勤務しました。その後は、三次市三良坂町のみらさか土地区画整理事務所で、区画整理事業に関わりました。

本日のテーマ「作木町の現状と今後の取り組み」の資料として「第三次作木町まちづくりビジョン」(https://sakugi-jichi.com/wp-content/themes/sakugi-federation/images/vision03.pdf)と「作木町のガイドマップ」を用意しました(**図表10**)。

(1)作木町と一般社団法人作木町自治連合会の概要

作木町は、島根県と広島県に接しています。今、江の川沿線の国道三七五号線では三次から大田へ向けた整備が進んでおり、作木町を通る二七㎞区間が完成すれば二車線化されて、作木町から日本海へ向けて島根県、一方では広島市、福山市、東広島市に大体一時間半以内で移動できる交通網が整備されます。

三次市全体の面積は七七八・一八㎢で、作木町は九一・九一㎢で大体一割を占めます。三次市全体の人口は平成一六年には六万一六九〇人でしたが、二〇二三年一〇月には四万九六三五人になり、約二割減りました。作木町の人口は、合併時の平成一六年には二〇一一人でしたが、現在は一一八二人となり、四割強減少して

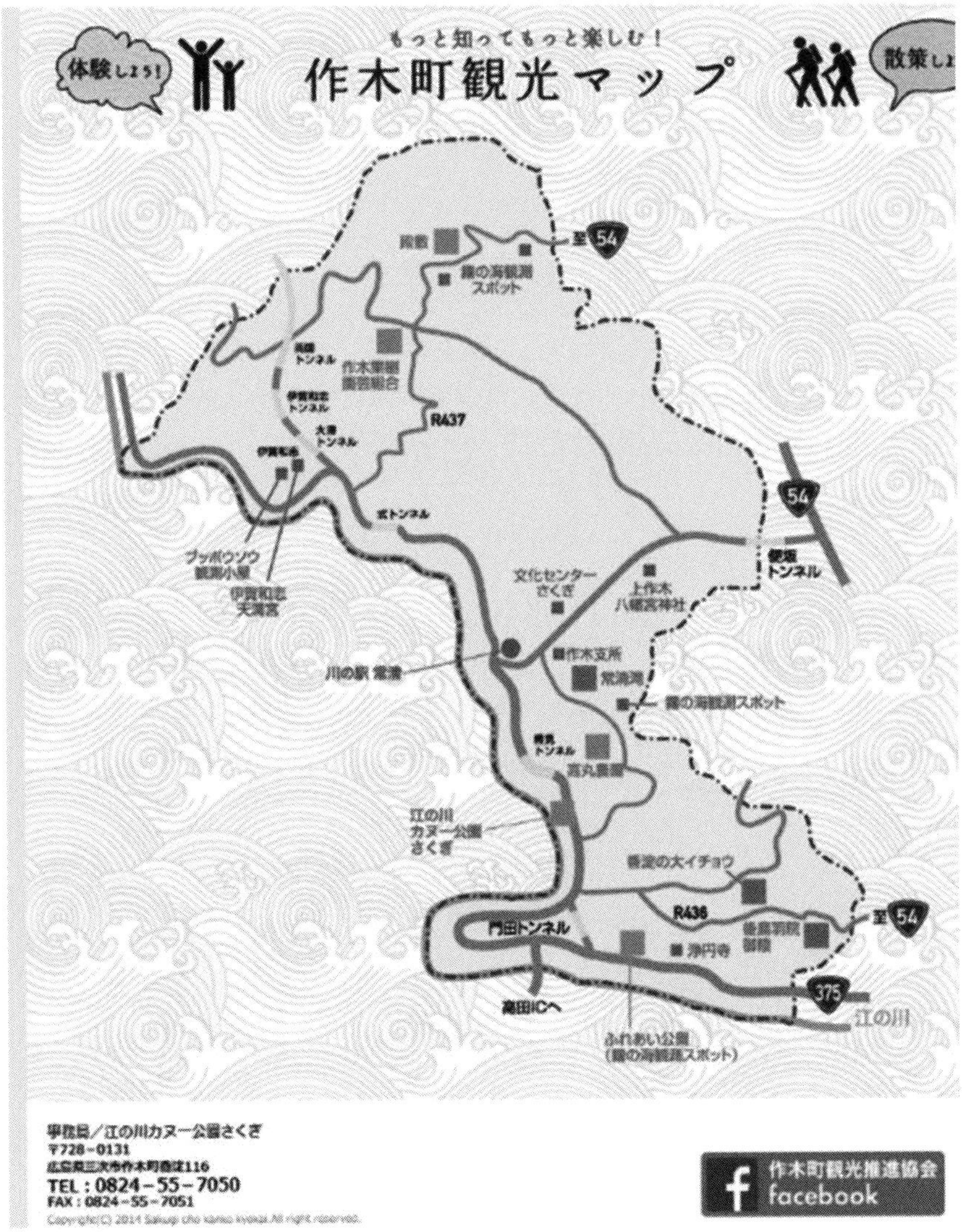

体験しよう！

もっと知ってもっと楽しむ！

作木町観光マップ

散策しよ

至 54

R437

文化センターさくぎ

上作木八幡宮神社

作木支所

江の川カヌー公園さくぎ

R438

浄円寺

至 54

375

江の川

ふれあい公園

事務局／江の川カヌー公園さくぎ
〒728-0131
TEL：0824-55-7050
FAX：0824-55-7051

図表 10

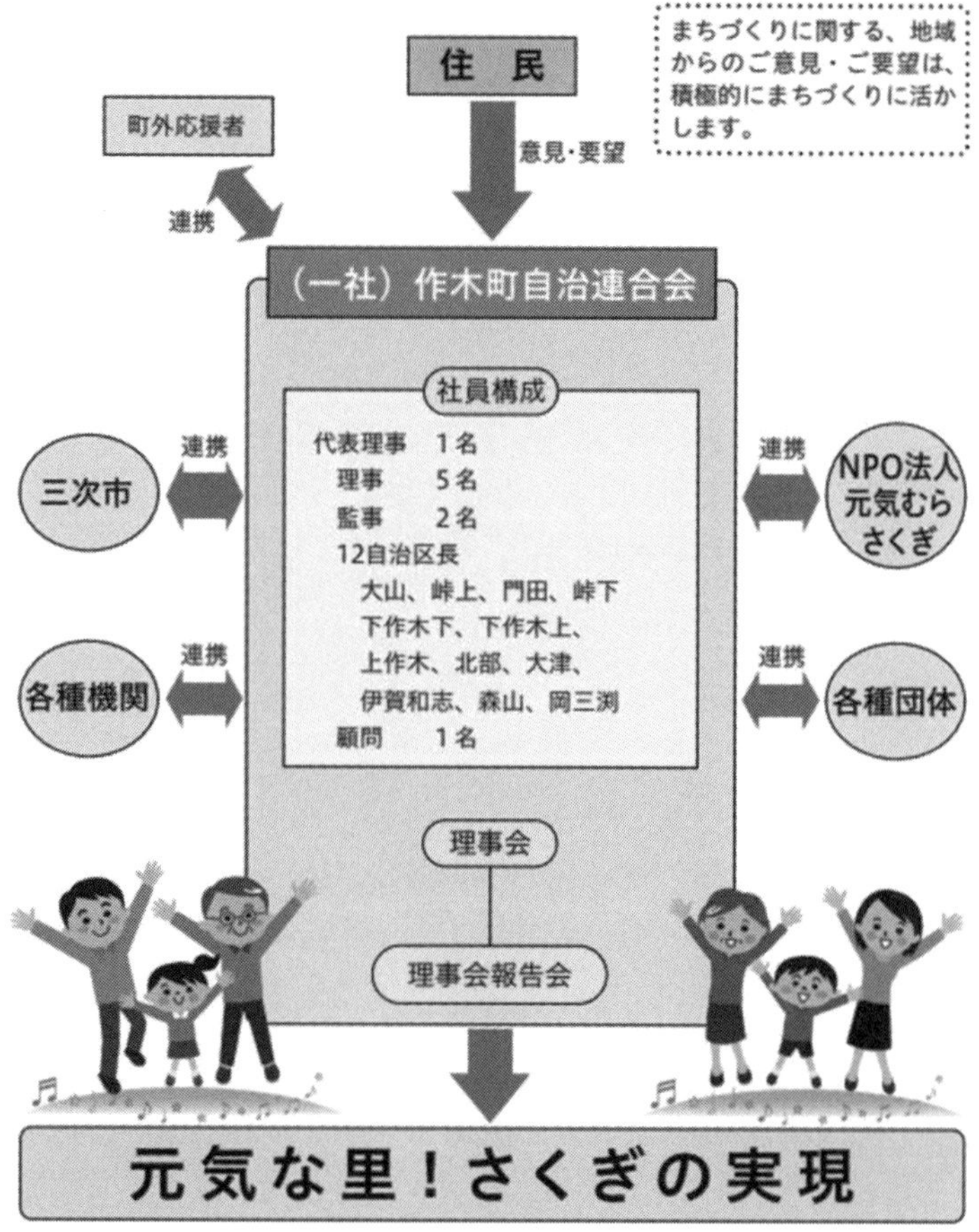

図表 11

（出所）「第 3 次作木町まちづくりビジョン」

います。三次市の他の地域と比べても、作木町の人口減少は大きく、農地の耕作面積、農産物の生産量共に減少している状況です。

次に、作木町自治連合会について話します。作木町自治連合会は、これまで行政と連携しながら様々な取り組みを展開してきました。地域の実態が変化してきたなかで、組織の見直しなどを繰り返し、平成元年五月九日には自立できる組織をめざして一般社団法人化しました。**図表11**のとおり、一般社団法人作木町自治連合会は、代表理事一名と理事五名、監事二名と一二名の自治区長で構成されています。作木町内には常会単位が七八個ありますが、これらの常会を一二区に束ねています。まちづくりのために様々な事業を行う上においては、江の川カヌー公園の指定管理、川の駅の運営、畜産物・水産物の加工施設の運営などを行うＮＰＯ法人元気むらさくぎや三次市、各種団体と連携して運営を進めています(**図表12**)。

(2)作木町自治連合会の取り組み

続いて「作木町の現状の課題と自治連合会の今後の取り組み」として五項目の話をします。

①第三次作木町まちづくりビジョン

「第三次作木町まちづくりビジョン」は作木町のまちづくりについての町民の共通認識を深め、計画の目標を示して活動に取り組むことにより住民の意識改革をすすめるために策定されました。地域の実態が加速的に変化してきたので、計画通りいかないこともあります。しかし地域で取り組めることは小さなことからやっていくことが、まちづくりに向けたコミュニケーションにつながると考えています。

1．暮らしやすいまちづくり

(1) 自治、コミュニティ

めざすまちの姿の実現に向けた取組の方向

○自主財源の確保に向けて検討し、実施に取り組む
○地域活動へ参加し、地域とのつながりを強め、多様な主体との協働により、支え合いを推進する
○集落機能を維持していくため、従来とは異なる新しいコミュニティによる地域運営の仕組みづくりを検討する
○町民の交流を通して、活力づくりにつながるように取り組む。また、参加者の拡大につながるように取り組む
○今住んでいる人が住み続けてもらえるような対策に取り組む

具体的な取組

○自治連ホームページ[※6]などの活用
○地域コミュニティについて他市の事例研究
○町民のニーズ[※7]に合ったイベントを再検討する
○イベント集約の検討とイベント参画の推進
○地域運営の仕組みづくりを検討

グラウンドゴルフ交歓大会

(2) 定　住

めざすまちの姿の実現に向けた取組の方向

○関係機関と連携して具体的に作木町の人口を増やす対策について検討する
○若い世代の人に住んでもらえるような対策に取り組む
○作木ふるさとサポーター[※8]との交流を通して、作木町で暮らすための魅力づくりに取り組む。町外出身者の人材活用方法を検討する

具体的な取組

○幅広い世代の意見を聞く
○空き家バンクの登録推進
○自治連のホームページなどで作木町の利便性をアピールする
○サポーター会員との交流、地域の魅力づくり、人材活用
○買い物支援に取り組む

作木ふるさとサポーター懇談会

(3) 子育て、生涯学習

めざすまちの姿の実現に向けた取組の方向

○町内全体の子育て世代とのつながりを持った活動に取り組む
○三次市補助事業を活用して、魅力的な生涯学習や健康推進に取り組み、関心をもち楽しむ人を増やす
○公民館的な事業[※9]が手薄になっているため自治連が担っていく

具体的な取組

○ 子育て世代から高齢者まで一緒に交流できる会の企画
○ 参加しやすい講座の開催

図表 12　作木町自治連合会の事業の一例

（出所）「第 3 次作木町まちづくりビジョン」

②人口減と定住

特に人口減と定住は、作木町の深刻な問題です。まちづくりのなかで人口の激減、少子高齢化の加速、新たな定住の難しさという問題に何らかの対策が必要と実感しています。都市部で目まぐるしく進化する生活環境と、我々中山間地域の生活環境の間には大変大きな差があります。都市部と中山間地の環境の差があるなかで、若い世代が作木で定住するには、仕事や教育環境面で不安も多くあります。このため新たな視点から、豊富な自然資源や各種施設などを活用した子育て、教育、生涯学習などの場を整備すること、また観光面では交流人口の増加に向けた取り組みを進める必要があると考えています。

町民も人口減については大変危惧しており、町内の保育所や中学校が廃校になるのではないかという不安もあるなかで、教育機関は存続させたい。町内の各地域の特徴を生かし重点地区、モデル地区として地域の環境整備や新規定住者に対する新たな補助制度の創設や支援の見直しなども必要ではないでしょうか。三次市全体の公平性という課題はありますが、公平性を超えた対応がないと、課題は解決できないと感じています。

行政と自治組織は本来一体的に連携していくべきと思いますが、今、行政と自治組織の間には一線があって、行政の存在感が薄くなり、自治組織の方の負担が重くなっているのではないか。このために行政と自治組織の役割を再度明確にして、様々な活動に取り組むことが重要ではないかとの思いから、我々は三次市へ提言・要望活動を毎年実施しています。

③交通体系

交通体系は②の人口増あるいは定住促進に欠かせない大切なことです。作木町は、三次の他の地域と比べて地理的条件が不利で、現在、市民バスとスクールバス、自家用有償運行、旧ＪＲ三江線代替バス、路線バスが運行されています。しかし残念ながら、利用者が減少し利用者がいない集落・地域が増えており、地域の実態に適応した利便性の向上や運行体制の見直しが必要です。

町民も会議等では交通の便利が悪いことを議論していますが、実際に公共交通に乗っている方は本当に少なく、一度も乗ってない方もいます。このために作木町内の一二区長に、できれば各区の年間事業計画の中に公共交通に乗る機会を入れてほしいと言っています。実際に乗って不便さや利便性がどうなのか経験して議論すれば、三次市に意見・提言をする上でも効果がありますが、実際に乗った経験がないと話が前に進みません。

将来的に公共交通の存続は経済性との関係で決まり、三次市が算定する目標数値を下回ると廃線、廃止ということにつながり、大変な事態になります。このために一生懸命に利用増のための活動を、特に学生や高齢者の利用促進と利便性の向上に向けた取り組みを、自治組織で進める必要があると思います。

我々も高齢社会を維持していくために、会議や行事、また生涯学習、医療福祉、保健活動の開催場所や開催時間を考える際に、行政並びに自治組織が公共交通を上手く利用する仕組みを作ることも必要だと思います。ただいくら年を取ってもどれだけバスがあっても高齢者は「車の方が便利」と会議に車で来られます。しかし公共交通を使うように、我々自ら見直していかなくてはならないと思います。

④生活基盤の整備

生活基盤の整備のなかでも有害鳥獣の被害拡大は全国的な課題でありますが、中山間地域で小規模農家が大半を占める作木町では深刻な問題です。高齢化のために被害防止対策ができない農家が増えて、山林や農地等が荒廃して農林業が衰退しています。これが集落の崩壊の一因にもなっています。定住促進する上でも、山林や農地の荒廃は大きな課題です。有害鳥獣の拡大防止対策も、行政に強く提言また要望し、行政と一体になって対策するべきです。そのためには農地の集積と再生を図る人が必要です。そして農産物や生産を高める整備事業の制度化と拡充を求めるべきと思います。

高齢者は一生懸命育てた農作物に被害を受けたら、もう次の段階に行けません。都会に出た方や休暇を活用して水稲等いろいろ農業を営んでいる方々が、作木町に帰ったらイノシシが農地に入ってどうにもならないと思うと作木町と疎遠になり、結局その集落は草ぼうぼう。ボランティアが草刈りをしてもなかなか続かないです。行政に対して期限付きでも鳥獣被害の支援策をお願いすることと合わせて、我々地域も頑張らなくてはと思います。

⑤防災

作木町は、昭和四七（一九七二）年七月に一級河川江の川の氾濫により未曾有の水害を受け、その後も幾度かの大水害に見舞われた村です。半世紀が経過して、ようやく江の川を中心とした整備が終わり、安心安全な集落形成ができました。ただ今だに国道には冠水する区間があり、早期の整備が必要です。整備事業を進めるためには、地域の区、ここでは作木町自治連合会が地域に入って、事業を推進する国、県、市などの行政と自治連合会が一体的に役割分担して物事を進めないとうまくいかない。国の仕事、県の仕事、市の仕事を合わせて、ここまでを国、ここまでを県、ここまでを市がしましょうと合意できれば、いい事業になります。江の川沿線ではこれまで嵩上げ事業とか色々な事業が実施されましたが、ほとんどそういう形で行われてきました。

地域集落はその後に激変しましたが、昭和四七年の未曽有の水害以降もここに残り生活し続けた方々もおられます。当時、江の川沿線の集落では作木を離れて行かれた方もありましたが、住み続けている方々がいることは、そういう官民一体の取り組みの成果でもあるように思います。行政改革の中で市役所職員が少なくなってきたなか、地域を良く知る地域の区が中に入って公共事業を進めることが、公共事業の推進力になると思います。区・自治連合会は要望活動もしますが、公共事業を推進する活動もしていることを一言申し上げておきたい。

また作木町内の立地条件では、災害が予測される場合、避難所まで行くこと自体に大変危険性があります。早めに避難所が開設される時には早めに行く方もいますが、高齢者には「まずは自宅で待機して」と言っています。情報連絡網も重要視しています。特に携帯電話の不感地域については、三次市に調査の上で不受信地域を早く解消してもらうよう言っています。作木町のような立地条件では通信網の確立が大切です。

以上の五項目の課題解決に向けて、地域の連携の強化と行政との連携と支援が不可欠です。自治会は自立に向けた努力が必要と思いますが、地域の特徴や実態を踏まえた新たなまちづくりを、自治組織と行政の連携強化の中で進めていくことを、我々は今後も提言しなくてはなりません。

(3)今後の取り組みと提言

最後に今後の取り組みについてお話します。作木村の時代には村内に八〇余組織の常会・集落があり、これと行政がひっついていましたが、少子高齢化などにより各常会の状況が変化してきたために新たに行政区という組織を立ち上げて、一二の行政区長さんが中心になって物事を進めることとして、行政区が一緒になって活動してきました。新生三次市に合併後には、行政区を区に変更して、それを自治連合会で束ね、自治連合会を中心とした作木町全体で物事を進める形にしています。

ただ課題もあって、今の体制では区長が役職でおりますが、常会とその地域にあるいろいろな情報が全体の中で以前より見えにくくなっている。そうした小さい地域の情報を提供することに難儀されています。このため、今一度原点に戻り、三次市から交付金は地域を大きく束ねて受け取りますが、各区単位が補助金を使って色々な活動を行う形式を見直すことを含め、町内の集落や常会の実態を検証して、今何が急務なのかを早急に整理して、行政と一体になって新たなまちづくりに向けた体制づくりが必要と思います。

常会という組織については、以前我々も常会を再編するために錯綜した時代がありました。しかしそれは難しいことでした。常会には長きにわたってその地域の伝統文化を守るなど根強いものを持つ組織です。ここまで長年維持されてきた常会の根拠はどこにあるのかを知ることはとても興味深い。一人の常会でも頑張って、一人でも常会という意識を持って長年常会長を続けてそこを守り続ける方もいる。町内の小さい集落の中の実態を把握して、今後の組織として次の段階に進めていきたいと思っています。

3　小田博之「NPO法人はすみ振興会の活動とこれから目指すもの」

NPO法人はすみ振興会理事長の小田博之です。嶋渡君と同じ地域に住んでいます。私は二六歳でUターンして、合併前の羽須美村役場で一一年間勤めた後に辞めて飛び出しました。

その間、色々な地域活動をやりました。三〇代前半には江の川流域全体の自然や文化などに非常に興味があったので、安藤周治さんと一緒に「江の川流域会議」という広域的な組織を立ち上げました。当時江の川流域には広島県から島根県にかけていろいろな町があり、そのまちづくり活動仲間に一緒に話し合いをしようと呼びかけました。それを鳴かず飛ばずながら三〇年間続けて、その過程で一歩進んだ活動をめざして二〇〇四年に「江の川流域会議」を発展解消して「NPO法人ひ

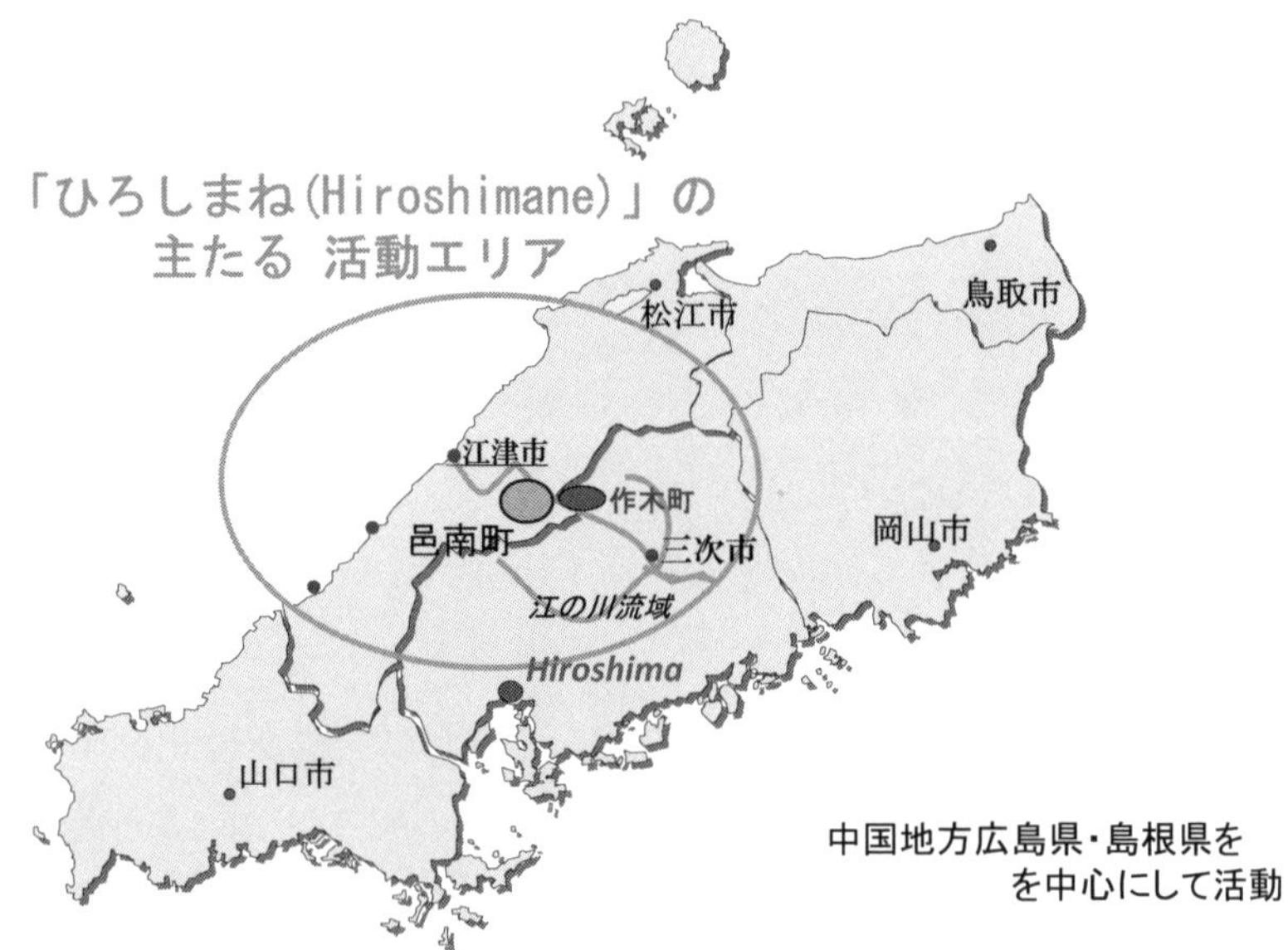

ろしまね」を立ち上げました。

⑴ＮＰＯ法人ひろしまねの設立時の考え　二〇〇四年～

ＮＰＯ法人ひろしまねの立ち上げ時のコアメンバーは、島根県から広島県にかけた地域から来た八人です。この時に「江の川流域会議」をＮＰＯ法人化して活動するべき理由について一日かけてじっくり議論しました。

当時、江の川流域の中山間地域に共通する課題と将来について議論したことは、ご多分に漏れず、超高齢化、少子化、無子化。当時の町村合併によって、公共サービスが低下し、経済の低成長であまり公的補助金も出なくなることなど。悲観的に現状分析していました。そこで今後どうしていくか――高齢社会になると困る人が増えるので、どうしたら住民が困らない仕組みができるか考えて実行するべきだということになりました。

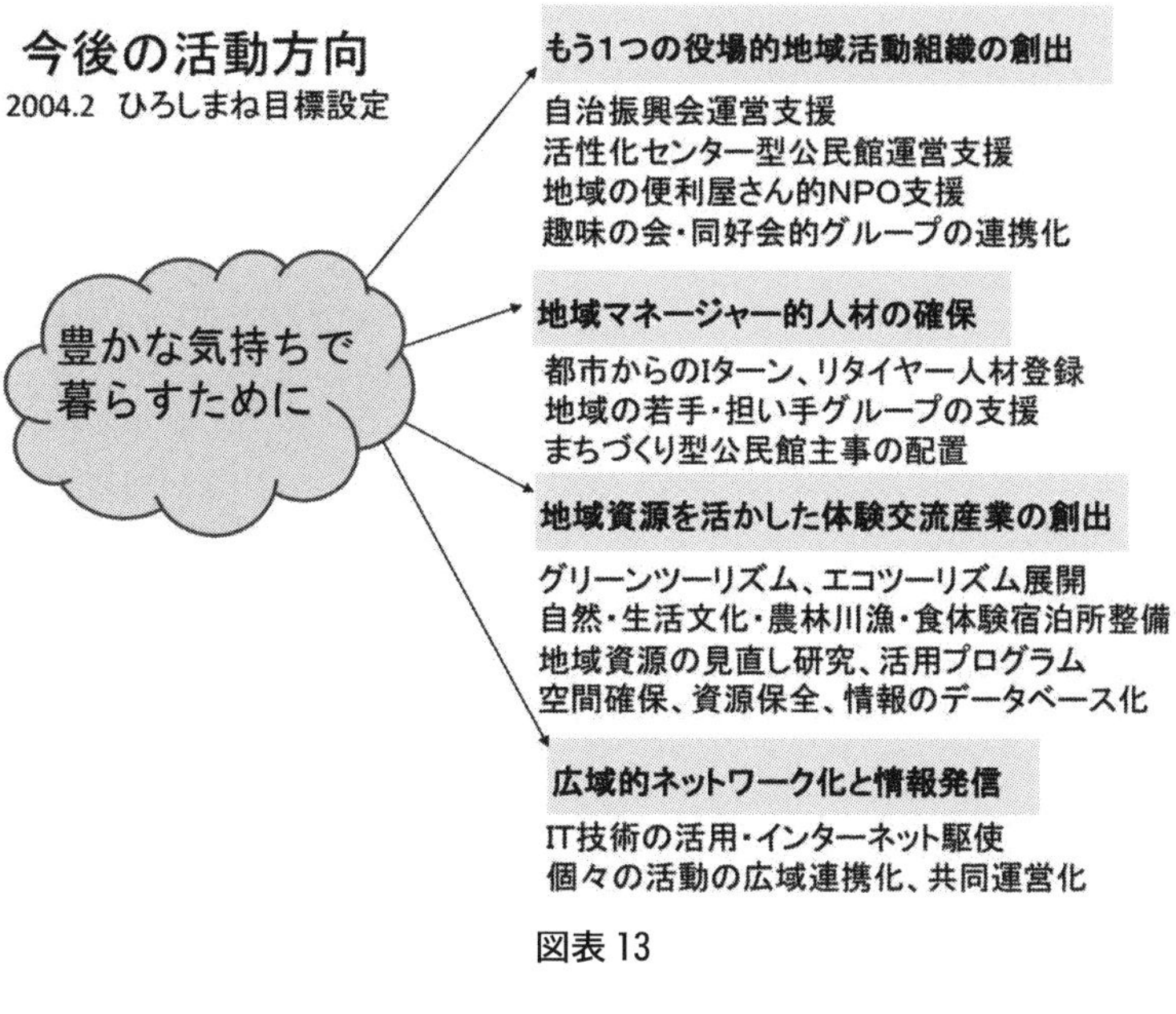

今後の活動方向
2004.2 ひろしまね目標設定

豊かな気持ちで
暮らすために

もう1つの役場的地域活動組織の創出
自治振興会運営支援
活性化センター型公民館運営支援
地域の便利屋さん的NPO支援
趣味の会・同好会的グループの連携化

地域マネージャー的人材の確保
都市からのIターン、リタイヤー人材登録
地域の若手・担い手グループの支援
まちづくり型公民館主事の配置

地域資源を活かした体験交流産業の創出
グリーンツーリズム、エコツーリズム展開
自然・生活文化・農林川漁・食体験宿泊所整備
地域資源の見直し研究、活用プログラム
空間確保、資源保全、情報のデータベース化

広域的ネットワーク化と情報発信
IT技術の活用・インターネット駆使
個々の活動の広域連携化、共同運営化

図表13

　また若い人に帰ってきて欲しいのですが、都会の職場や環境等を有利と思う若い人は帰ってきません。自然と共生する生活、悠々暮らしの価値観を一緒に持てる人でないと田舎暮らしはしない。そのためにこうした価値観を作り醸成して広げていこう。価値観を共有できる人と交流する仕組みを作って何かやっていこう。我々が住む江の川流域の中山間地域を、安心充実した暮らしや自己実現ができる地域と位置づけていこうとなりました。

　そしてＮＰＯ法人ひろしまねは当面の課題として、①新しい自治組織の仕組みづくり、②新しい自治組織の運営を賄う地域マネージャーの養成、③ＩＴ技術を活用した情報の共有、④自然共生的な哲学を共有できる仲間を作る体験交流をベースにした起業化、⑤各人が充実した人生を実現していく活動の展開、⑥地域学習活動の支援の項目を整理しました。またこれらのＮＰＯ法人ひろしまねの課題と取り組みについて皆で意識を共有しました（図表13）。

　次に今後の活動の方向として、不便な山の中の暮らしを豊かな気持ちで過ごしていくために、①もう一つの役場的地域活動組織の創出、②地域マネージャー的人材の確保、③地域資源を活かした体験交流産業の創出、④広域的ネットワーク化と情報発信をアクションプランとして掲げました。

⑵ＮＰＯ法人ひろしまねがめざした活動――ミッションあるいは課題

　①もう一つの役場的地域活動組織の創出では、いわゆる「地域運営組織」を立ち上げて自治振興会の運営を支援することを考えました。今後恐らく段階的に無くなっていく自治会・常会を支援する組織です。できれば公民館を活性化センターに位置づけて、もう一つの役場的地域活動組織が公民館を拠点に常駐して活動展

開する仕組みを理想と考えました。

もう一つの役場的地域活動組織は、日常的には地域の便利屋さん的活動をしたり、市民の会や同好会グループの応援もします。高齢者の活動の事務をサポートをすれば、活動者が年をとっても続けられます。そういう形でグループの連携化を行います。

②地域マネージャー的人材の確保は、地域運営のためには地域マネージャーが必要なので、じっくり人材を育てることにしました。具体的にはIターンや退職者の人材登録や、地域の若手グループの支援などを想定しました。

③地域資源を活かした体験交流産業の創出は、先に話した自然共生的な哲学を共有する仕組み作りです。具体的にはグリーンツーリズムやエコツーリズム、自然・生活文化・農林川漁・食体験が出来る宿泊所や地域資源を活用するプログラムなどを想定しました。

④広域的ネットワーク化と情報発信では、江の川流域は県境をまたいだ広い地域なので、広域的ネットワークで江の川を自然共生できる空間だと情報発信したいと考えました。地域運営の取り組みは一市町村ではどうにもなりません。広域での連携が必要なためです。

(3) 集落支援センターにほしい機能（理想型）

もう一つの役場的地域活動組織については、集落支援センター組織を立ち上げる場合の理想型について次のような議論をしました。

①は安心充実した暮らしを実現する機能です。具体的には、地域の高齢者サロンや住民のよりどころにな

る空間や、高齢者世帯・困った世帯への支援機能。また困った高齢化集落の活動を支援する機能。さらに将来的にこの地域から役場とか金融機関などが引き上げていく時に備えて、役場や金融機関の機能を代行できる仕組みを考えました。

②は里山景観・資源を保全管理する機能です。農地や山の管理をどうしたら維持できるかが問題になるのなら、農地や山の管理を推進できる機能を持ったらいい。

③は里山体験交流を通じて、新たな郷づくり参画者を確保する機能です。体験交流のためにはビジターセンターや、自然の川遊びの案内ができるインストラクターや宿泊施設が望まれる。できれば農産品も産直で販売したい。

そのほか国の省庁や、市・町・県の縦割りや境界を超えて、横断的に広域に地域運営をすることを掲げました。ご存じのように福祉関係では、民生委員制度、福祉サポーター、シルバー人材センター、町の包括ケアセンターがあり、また寄り合い所のサロンがありますが、これらの事業は全部縦割りで予算の出所がみんな違い連携できていません。

しかし地域住民の立場から見ると、同じ人がこれらで活動しています。しかし民生委員制度の場合、顔を立てるためにわざわざ民生委員会を作らないといけない。福祉サポーターの会を作っても、民生委員と同じメンバー。住民にとっては酷い迷惑です。省庁から縦割りで下りてくる様々な事業を、地域では全部一緒に合わせて、みんなで取り組まないと持ちません。これらを束ねていく横断的広域的経営を集落支援センターの機能として考えました。

⑷集落支援センターの社会実験　二〇〇七年～

この集落支援センターを何とか実現できないかと思っていたら三年後にチャンスが来ました。二〇〇七年に島根県が国土庁・国土交通省の「国土創発調査事業」を実施して、ＮＰＯ法人ひろしまねに調査が委託されたのです。そこで今まで温めてきたことを実現する集落支援センターを一年間仮設で運営する社会実験を行いました。

集落支援センターを開設するだけではダメなので、地域へ出かけます。羽須美地区の五集落をモデルとして課題を把握するために、聞き取りの悉皆調査を行いました。つまり五集落の全軒を訪ねて話を聞いたのです。一年間やって、やはり地域には集落支援センターが必要という結論になりました。また地域の一体性は小学校区、公民館区が一番わかりやすいために、この位の範囲を対象にする集落センターが必要という話になりました。

その後二〇〇八年から二〇〇九年に国土交通省のモデル事業として採択されたことで集落支援センターを現実に作りました。モデル事業の資金により集落支援センター創設のための協議会を設置して、さらに高齢者世帯を対象にした聞き取りによる悉皆調査も拡大して行い、二年後の二〇一〇年に口羽公民館の単位を対象に「口羽をてごぉする会」という実行組織をつくりました。

さらに翌年、邑南町に「コミュニティ再生事業」という支援事業が出来たため、これ幸いと飛びついて実施することになりました。「口羽をてごぉする会」の当初の五年間は、邑南町が地域運営組織の立ち上げと成長のために大きな支援をしてくれました。

⑸邑南町口羽地区の概要と自治会組織

図表14の一番東の端が邑南町羽須美地区です。かつては羽須美村役場が口羽にあったので、口羽が羽須美村の中心地でした。しかし羽須美村と石見町、瑞穂町が合併して邑南町になったとき、役場が石見町の矢上に置かれたために、口羽地区は町の一番端っこの存在になり、見捨てられたような感覚を住民が持ったものです。車で本庁へ行くのに四〇分で、三次までは三〇分。住民は邑南町役場の方にほとんど行かず、みんな三次に通っています。

　口羽地区の人口は六七〇人、世帯数は三三〇であり、四つの自治会があります（六頁、図表3）。概ね大字単位です。旧大字上口羽で「上口羽自治会」が結成され、大字上田で「上田自治会」、大字下口羽では「下口羽自治会」と「口羽町自治会」が不思議と

邑南町口羽地区の概要

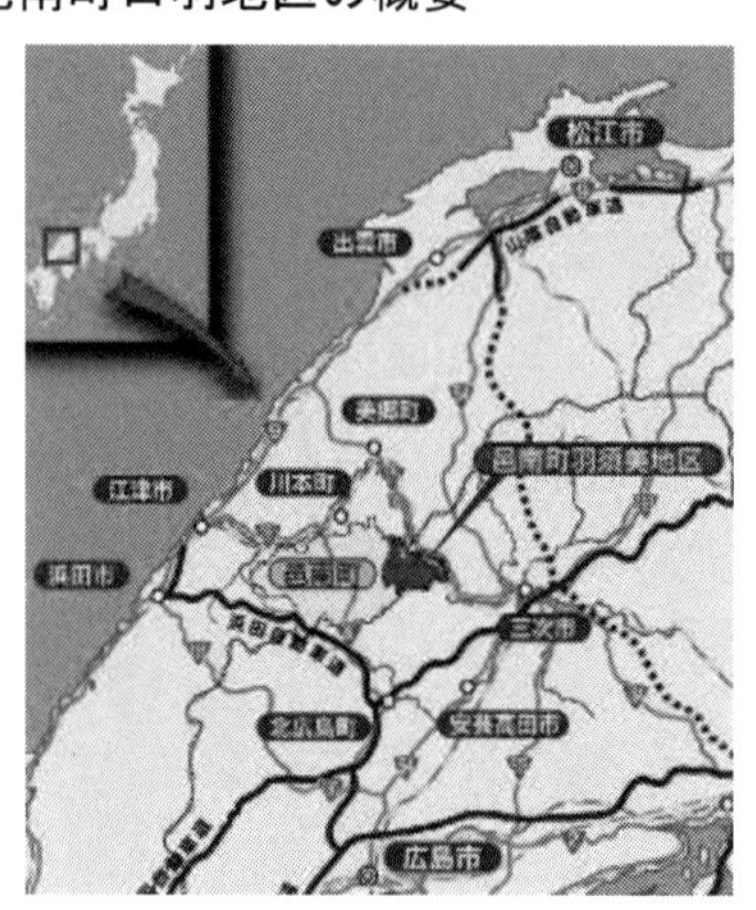

　邑南町は島根県の中央部に位置し、広島県境に接している。平成16年に石見町、瑞穂町、羽須美村の3町村が合併し、人口：12,506人、世帯数：5,120戸（2009年1月住基）となった。

　私たちの活動エリアである口羽地区は、邑南町の最東部に位置し、本庁のある矢上地区へ車で約40分の距離にある。口羽地区の人口は667人、世帯数：330戸、高齢化率：57％となっている。

図表 14

二つに分かれています。

「上口羽自治会」には常会が三つあり人口は三一人くらい。「口羽町自治会」には口羽町上、下、青石という集落があり、従来商店街でしたので結構人口・世帯数が多いです。「上田区自治会」にも八つの集落がありますが、口羽地区からさらに離れたところなので小さい集落が多いです。「下口羽自治会」は役場のある中心地です。図表3を見ますと高齢化率が七〇％を超えた集落が二〇のうち八つもあります。五〇％を超えた集落がほとんどです。五〇％以下のところは三つしかないです。こういう状況で超高齢化が進んでいます。

次は地域の高齢者宅を一軒一軒訪ねて気持ちを聞くと、「高齢化はやむを得ない」「若い人が帰ってこないのはやむを得ない」「我々今住んでいるものがゆっくりと歩けて死んでいくと私たちは想像し、覚悟を持とうじゃないか」という話が出てきました。そう覚悟をしても、安心して楽しく暮らしていくためには条件整備が必要です。そこで「安心して楽しく暮らすための条件を阻害している困り事は何か」と聞いたら、次の三つが挙げられました。

代表的な困り事は、①地域自治が困難ということ。要するに集落も自治会も役員のなり手がいません。葬式の手伝いに出られない地区が多くなります。道刈りや溝掃除にも出られず、祭りの神輿担ぎも担当できません。これらを何とかするために、誰か代わりにやってくれる人材を派遣して応援してほしいと言う意見が多くありました。

②田畑が荒れてきた問題もあります。これも①と同じように誰か代わりに耕作してくれないかという依頼や希望がありました。

それから③日常生活に困っているということ。通院や買い物の交通が不便であること。家の周りの草刈りや、大雪の除雪、急病や災害時にどうしたらいいかという不安を解消したいこと。これの現実の困り事に対しては、誰かが代行して代わりにやってあげるしかありません。ただ役場では、このような非常に個人的なレベルの困り事を解決することに対応できません。公民館もこんなことまでできません。自治会でも難しい。

自治会の役員がいない集落では、誰かが毎年一回犠牲になり選ばれます。すると自治会で集まっても「一年ほど我慢していれば次は当たらないから」とあまり意見を言いません。何かを言えば、自分がやらなくてはならない羽目になるからです。このため自治会では、みんなで話し合って困り事の解決をしようとはならない、と僕らは分析していました。

⑹口羽をてごぉする会の設立　二〇一〇年〜

こうした困り事を解決するには、地域の便利屋さん的な事業者を作るしかない。便利屋さん的な事業者を自主的に有志で作るしかない。自治会では多分出来ないので、もう自分たちで作るしかない――ということで、我々は協議組織ではなくて実行部隊を作りました。

それが「口羽をてごぉする会」です。しかも参加できる人は限られますので、この指とまれ方式にしました。ただ、この指にとまる人は一人もいない。やりたくない人が多いです。皆なるべく楽がしたい。だけど僕らは「この人は頼んだら断らないだろうな」という人を地域で見つけては電話をして「ちょっと一晩話がしたいので来てくれないか」という形で一人一人説得して来てもらいました。

青年団や地域のイベント等で一緒に仕事をすると、それぞれの人格や性格がわかります。あいつに言ってもつまらんとか、あいつに声をかけたらなんとかなるとか。何とかなりそうな人を選び、最初僕は三人集まればいいと思っていましたが、八人が集まりました。この八人でワークショップを開いて地域課題を見つけて解決策を見つけていき、「てごぉする会」がどうしてもいるという共通認識のもとに「口羽をてごぉする会」を立ち上げました。

ただ「口羽をてごぉする会」は、地域の住民には全く認めてもらっていない形で設立しました。「あれは集落で選んだ代表者がやっている会ではない」「あれは勝手にやった、よくわからない会だ」と当初はあまり地域からの公認が得られませんでした。ただ幸いなことに当時討議したメンバーの中に地区社協の会長がいて「地区社協の中に『口羽をてごぉする特別委員会』を作ればいい」という良い案を出してもらい、その案に乗りました（**図表15**）。

その結果、一応、地区社協の中の組織としての「口羽をてごぉする会」という位置付けができて、それで地域公認的な立場あるいはポジションは得られたかなと思います。

「口羽をてごぉする会」を設立して、まず始めたのはシルバー人材センター的なサポート事業です。「草刈りの応援が必要なら電話してください、行ってあげますよ」ということ。一方、活動資金を稼ごうと考えて、東京や関西のふるさと出身者の会事務局に話をして、地元で出来た米を年間契約してもらおうとしました。「東京へ出ているあなたの家で一年間分の米を買ってください」と。当初売れたのは一組だけでしたが、今は年間2tぐらい売り上げています。これで大体一〇万円前後の活動費になります。非常に少ないですが、当初はボランティアでやろうと人件費は考えてなかったので、一〇万円ぐらいの資金をとりあえず入れました。その翌年には邑南町の補助金制度から資金が得られることになりました。

また中山間地特有の事例として、地域の新聞配達屋から「廃業するので誰か新聞配りしてくれ」という相談

有志による自主組織「口羽をてごぉする会」創設

H22年　地域公認を得るため口羽地区社協所属の特別委員会としてスタート

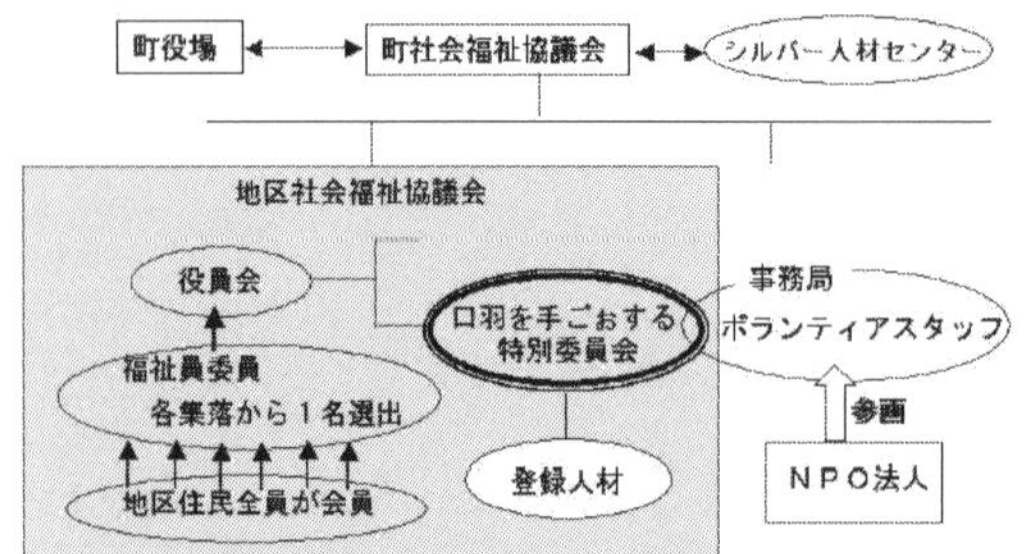

H23年　新聞配達業継続のため収益部門のLLPてごぉする会の立ち上げ

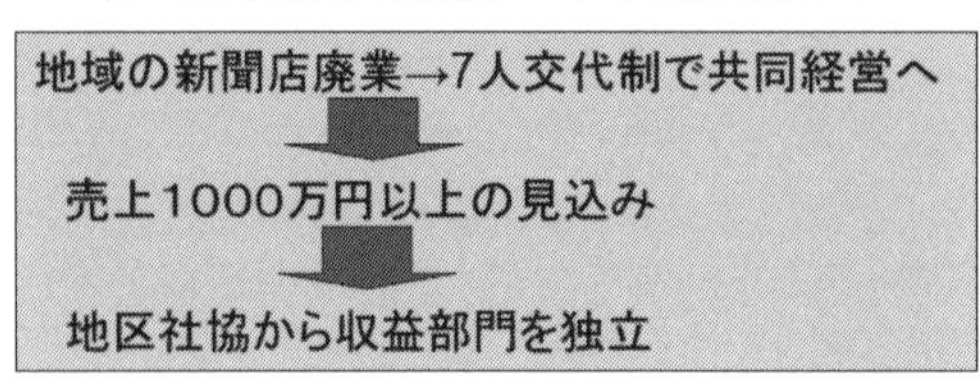

※LLPとは有限責任事業組合

・法人格はないが組合名で契約できる。

・法人税、消費税納付義務がない。

図表 15

がありました。新聞配達屋の廃業はしかたないとしても、住民にとって新聞というのは楽しみなものなので「地域の力でやはり続けていきたい」となりました。そこで、月曜日に早起きしてくれる人、火曜日に早起きしてくれる人と「一週間に一回の早起きなら付き合ってあげてもいい」という人を七人尋ねて新聞配達業がスタートしました。

当時約三〇〇軒の新聞配達先があり、年間一、〇〇〇万円の新聞販売売り上げになります。すると地区社協の「口羽をてごぉする会特別委員会」が一、〇〇〇万円売り上げて、地区社協の年間予算は五〇万円しかない非常にいびつな形になるので、これはまずい。そこで収益事業を行う会社を別に作ろうという話になりました。事業主体の法人格としては、ＮＰＯ法人や株式会社などいろいろなことを考えましたが、最終的にはＬＬＰという有限責任事業組合という会社組織を選び、収益事業の母体にすることにしました。ＬＬＰは法務局に登記をして設立する組織で、対外的な契約ができる組合で社会的に信用性が少しはある組織です。ＬＬＰの良いところは、法人税を払わなくていいこと。島根県の法人均等割税（年間八万一〇〇〇円）を負担しなくても良い。収益事業が一、〇〇〇万円を超えても消費税の課税業者にもならないです。こうした有利な条件だったのでＬＬＰにしました。

先ほど紹介した邑南町のコミュニティ再生事業を五年間実施したことによって、当初我々が設定した三分野の困り事に対して、どの程度解決できたかのかは**図表16**のとおりです。集落の役員などの代わりを担うのはまだまだ無理ですが、草刈りとか溝掃除、集落の郷土行事に応援団を派遣して代わりにやってあげる体制は、「口羽をてごぉする会」の協力隊が代行してできる体制になりました。写真はメンバーが雪かきしているところです。

田畑が荒れてきた問題については、耕作放棄地の集積化対策をしています。ただ直接支払事業と農地水環境事業の事務局を全部口羽で一本化しようとしたところ、農地水環境事業は一本化できましたが、直接支払事業は一本化できませんでした。

その理由として集落ごとに直払いしてきた場合、集落にもらった金は自分らのものということでなかなかオープンにしづらく、すぐにはまとまりません。でも八集落で直払事業の事務をする人がいなくなって「もうやめよう」となった時に「僕らが代わりにやってあげるから受けなさいよ」と話をして、三五haの直払の対象協定面積をまとめました。

この代行は今で五期になります。五期になると広域ネットワーク加算があり、集落を超えて多くの集落が一緒になると加算金が三〇〇〇円付きます。請け負ったケースでは、三〇〇〇円×三五町で一〇〇万円くら

H23〜H27年のコミュニティ再生事業の中で達成できた地域課題

高齢世帯の主な困り事	口羽地区の対応策
地域自治が困難 ・集落会、自治会、団体の役員になってくれる人がいない ・葬儀の手伝いに出られない ・道刈り・溝掃除に出られない ・伝統行事の催行が難しい	・てごぉ協力隊による代行出動できる体制確立 
田畑が荒れてきた ・耕作放棄地の防止・集積化 ・裏山の雑草竹藪繁茂 ・有害鳥獣の被害	・直払、農地水、事務の一元化で農地管理 農業法人夢ファーム口羽へ集積化可能
日常生活に困る ・通院や買い物の交通不便 ・家まわりの草刈や除雪 ・急病や災害時の不安 ・心の拠り所（サロン）	・青空号の会・悠遊倶楽部でのお出かけ支援（カーシェア制度実験） ・てごぉ協力隊による代行出動により解決 ・よぽしば（拠点窓口）の整備、運営 

図表16

いの加算金が出ます。それは全部事務局にいただいて、事務局運営経費にしています。直払いも五〇〇万円規模で代行して、一〇％の五〇万円を事務経費にしています。このように多面的な事業で一五〇万の安定的な収入を得て運営資金にしています。

日常生活の困りごとである交通不便については、当初何もなかった頃は、カーシェアリング制度で送迎する社会実験を行ったり、悠遊倶楽部を作って月一回のお出かけ、マイクロバスであちこち連れて行くサービスを行いました。これらは現在も行っています。後はてごぉ協力隊による代行出動です。それから心の拠り所みんなのたまり場として、サロンをやったりしています。

現在の地域の組織は**図表17**のとおりです。「LPてごぉする会」は収益事業の専門組織です。右側の口羽地区振興協議会は、地域の合意形成をする自治会の代表者あるいは公的な機関の代表者

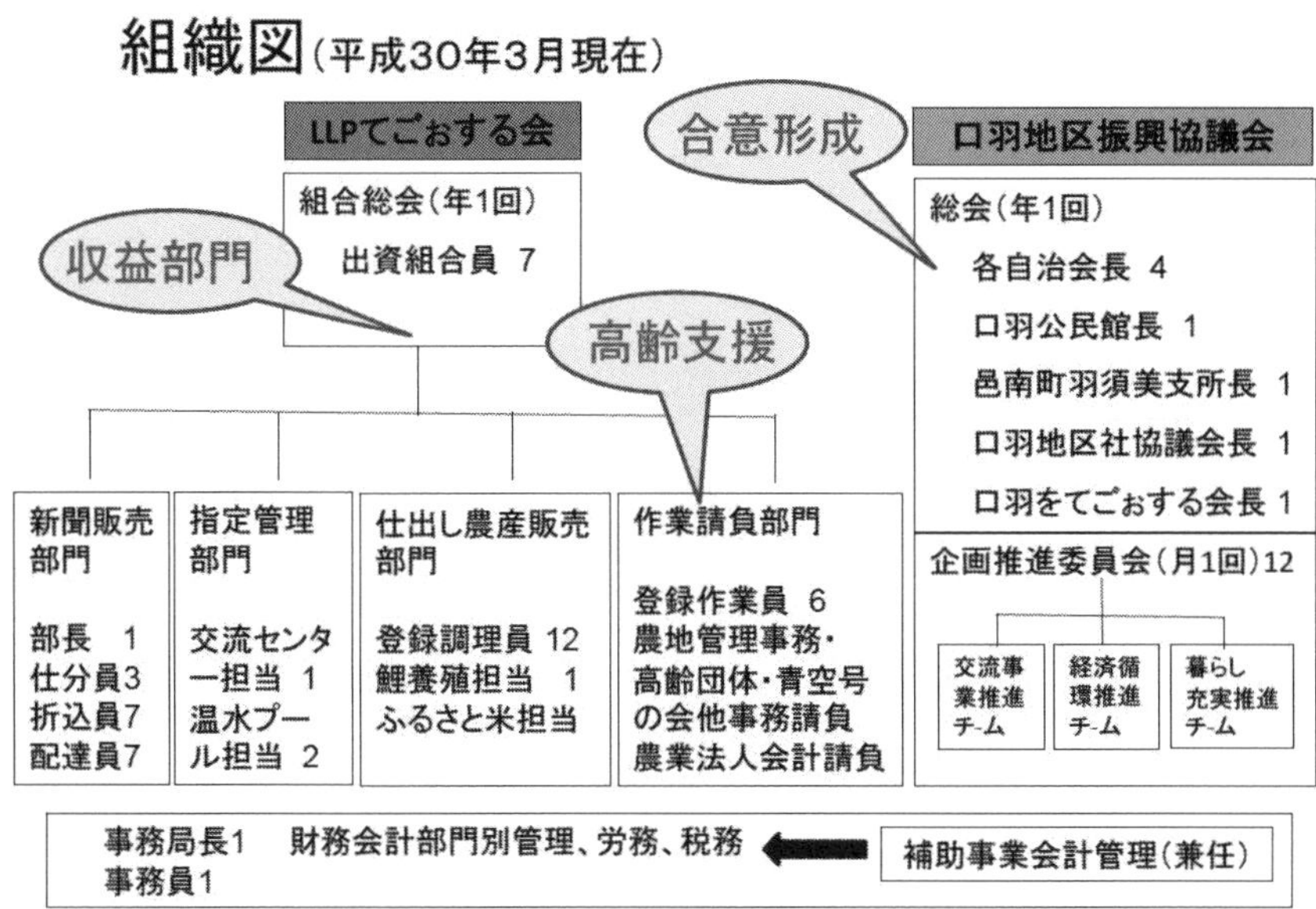

図表 17

を集めた正式な地域組織です。

僕らはこれを「分離型」と言います。地域運営組織は「分離型」でいく方がいい。自治会と一緒になる「一体型」も考えられますが、先ほど言ったように、役員に出たがらない人が多い自治会を相手にしても物事が動かないですから。自治会にはやれることをやってもらう。一方で「LLPてごぉする会」という収益団体が、自治会から若干手数料をもらって自治会の事務局の手伝いをやってあげる方が自治会としても助かるのではないか。ですから動く組織と地域全体の民主的な協議をする組織をきちっと分けた「分離型」の方が動きやすいと思います。今後もそういう方向でいきたいと考えています。

(7) NPO法人はすみ振興会

口羽で五年一〇年の活動実績を重ねて一つの形・方向性が見えてきた段階で、次に旧羽須美村である口羽地区と阿須那地区をまとめた地域を対象にする取り組みを始めました。島根県の分析によると、地域の最終的な社会機能、生活機能を果たす人口規模は二〇〇〇人。二〇〇〇人いないと、ガソリンスタンドも店もどんどん減るために、二〇〇〇人位の人口は欲しいといわれています。今の羽須美地区は口羽が七〇〇人、阿須那が七〇〇人で計一四〇〇人で、二〇〇〇人に届きませんが、それでも一つの地域の地縁的なまとまりとしてやっていきたい。

最初に行った取り組みは、デマンド交通です。デマンド交通の運営母体には法人組織が必要なので、NPO法人はすみ振興会を立ち上げました。ただNPO法人はすみ振興会をデマンド交通だけの組織とするのはもったいないので、NPO法人はすみ振興会の設立目標には地域課題を解決する振興策を行うことを掲げて、幅広く活動できるようにしました。

図表18は将来の理想像です。はすみ振興会が事務局になって、デマンド交通の運営、生活支援の作業代行、それから農地管理を担う。またこれから地区内の町営施設が余ってきて、役場では手に負えなくなる場合には、公的施設の指定管理者になる。はすみ口羽地区振興協議会の場合は、地域の温水プールとはすみ交流センター（宿泊交流施設）の指定管理をLLPてごぉする会で受けています。指定管理事業の委託料は年間約六八〇万円です。指定管理事業により事務員一人が確保できます。おかげで我々の事務局は、常時二人事務員体制で運営をしています。なお事務局運営に対しては一切補助金なしです。

LLPてごぉする会の収益の柱は業務委託です。町の広報配りを自治会を通す場合には、住民の順番制にするのが普通ですが、広報を配りを業務委託にしていただければ、一つの仕事になります。十分ではないけれど、何人かを雇い入れる力になりうる。このため地域でやりたいことをやっていくための仕込みが出来る

はすみ地域の新しい運営の仕組みづくりビジョン

はすみ会議【合意形成の場】
自治会代表８人
地区社協代表２人
公民館代表２人
邑南町羽須美支所１人
口羽をてごぉする会１人
阿須那応援隊　１人

NPO法人はすみ振興会【地域経営】
理事４人
監事１人
正会員１５人

【地域の総合事務所の運営体制：はすみ振興会で、阿須那と口羽を一本化】

デマンド交通部門
【想定する事務局概要】
・予約受付
・ドライバー手配
・賃金支払い
・行政文章作成
（今後さらに）
・地域外まで行ける交通の検討

生活支援作業代行部門
・受付、人材手配（現状、まずはシルバー人材センターへ）
・支援に必要な道具の管理（草刈、清掃、除雪）
（今後さらに）
・窓口の一本化
・子育て世帯支援
・社寺廻り草刈り
・道草刈り

農地管理部門
・農地管理委員会
・景観管理委員会（草刈り・景観作物）
・会計事務
・行政書類作成
（今後さらに）
・集約エリアの広域化
・抜本的な獣害対策
・ふるさと米販路拡大
・特色ある作物の栽培
・特産品、加工品
・産直総合商社の創設

施設管理部門
高齢者福祉
・「よぼしば」運営
・「よりんさいや」運営
社会体育、宿泊
・温水プール指定管理
・交流CNT指定管理
・戦原CAMP指定管理
社会教育
・公民館に同居
・公民館充実化
・放課後児童クラブ
・ふるさと教育
（今後さらに）
・伝統芸能、地元学
・人権相談、勉強会

事務局代行部門
民間
・各種事務局代行
・営農法人、組合など
・仕出しグループ
・新聞配達グループ
（今後さらに）
自治会事務局
・定住支援窓口
・空家、資源管理窓口
・会計管理、広報配布
・役員会、総会準備
・寺、神社　総代
・地域防災組織
・情報の一元化
・行政文章作成

図表18　はすみ地域の新しい運営の仕組みづくりビジョン

ように、施設管理などの行政からのアウトソーシング（外注）を受ける仕組みを作りました。行政からのアウトソーシングは今後重要な資金源になると思っています。ただやる人がやる会社組織でないと機能しません。先ほど自治会組織とは別の「分離型」で別に組織を立ててやるのがいいといったとおりです。

　現在、島根県の小さな拠点モデル事業という助成を受けていて、五年間に毎年一、〇〇〇万円ずつのソフト事業ができます。これを使って五年間、口羽だけでなくて阿須那を含めた全体の底上げを図りたいというのが我々の使命です。図表18は住民のワークショップで作ったアクションプランです。

デマンド交通について若干補足すると、これは既存の路線バスを廃止して、その代わり住民に運転手になってもらい、自家用車でタクシー業的なことをする仕組みです。私たちのデマンド交通は、希望に応じてどこへでも連れていきますよ、どの時間でも来ますよという仕組みで、年間一月一日から三日の休みを除く朝八時から夕方一九時までデマンド運行しています。送迎できる範囲は、陸運局や地域のタクシー業者・運送業者との兼ね合いで、一応羽須美地区内だけです。同じ邑南町内でも役場の方までは行けません。バスが走っているので、商売の邪魔をしてはいけないというのが理由です。ある意味不便です。

けれど利用状況を分析すると、利用の九割方は地域の診療所に薬をもらいにいく仕事。ですから年寄りの困りごとの八割九割がデマンド交通で達成できます。対応できない利用としては、三次に連れていけとか、地域内には専門の眼科医がいないので、眼科に連れて行ってくれというものです。

料金は利用者に優しい安い設定で、一km未満は二〇〇円、二kmまでは三〇〇円と五〇〇円まで料金が分かれおり、五km以上は、はすみ地域なら何kmでも五〇〇円。運転手は年一回の国土交通省の研修を受ければ、運転資格が取れます。羽須美地区の八自治会（口羽に四自治会、阿須那に四自治会）ごとに四人まで運転手を登録できるので、地区内で三二人までは運転手登録ができます。現在の登録者は六〇名ぐらいで、そのうち動けそうな人三二人を自治会ごとに運転手登録して、同じ自治会の地域住民が乗る形にしています。

完全予約制です。迎えに行って連れて帰ります。診療所へ行く場合は、朝家まで迎えに行って、診療所で一時間くらい待ち、連れて帰ります。運転手の日当は待ち時間も含めて支払うので、二〇〇円の利用料で運

はすみデマンド利用状況（登録会員148人）

		阿須那地区	口羽地区	合計
2020年度	利用人数	758	2077	2835
	実稼働日	172	267	275
	平均利用数	4.4	7.8	10.3
2021年度	利用人数	790	2125	2915
	実稼働日	175	269	444
	平均利用数	4.5人/日	7.9人/日	6.6人/日

はすみデマンド収支状況

		2019年度	2020年度	2021年度
収入	売　上	1,187	1,085	1,048
支出	運転手賃金	1,606	2,315	3,056
	事務賃金	1,650	1,665	2,330
	諸経費	2,270	3,051	2,712
	支出合計	5,526	7,031	8,098

図表19

転手の日当は三時間分なので大赤字になります。

デマンド交通の二〇二一年の利用者は二九一五人（**図表19**）。これは行きと帰りを一回とカウントしているので、実質的には一五〇〇人。稼働時間は年間四四四日。一日あたり六・六人が乗っています。収支状況は、二〇二一年の利用料チケットの売り上げは一〇〇万円、運転手の賃金、事務賃金諸経費合わせると八〇〇万円の経費がかかるため、七〇〇万円くらい赤字です。赤字部分は邑南町が応援してくれます。かつて邑南町では、直営でマイクロバスを使った患者輸送に二〇〇〇万円の経費をかけていました。それをデマンド交通に移行すると七〇〇万円の赤字補填だけです。邑南町の財政にも我々にも、ウィンウィンな状況なので、ずっと続けていけます。こういう行政側の理解がないと、自治会組織デマンド交通は自治会組織成立しにくいと思います。

最近ではＪＲと連携してMaaSを使ったデジタル化の社会実験をしています。利用者から注文をコンピューターに打ち込んで、運転者が持つタブレットに利用者の希望の時間・場所の情報を表示する仕組みです。だけど運転手には操作性の点で不評だったので、ＪＲにはスマートフォンで限りなく全部解決できるアプリを開発してもらっています。これも便利であれば、この地域にも導入すればいいと思っています。

⑻地域マネージャーの育成

地域マネージャーの育成についてお話しします。地域マネージャーがする仕事は、要するに企画、人を説得し、人を手配して派遣したりすることです。そのほか、直接支払事業の支援をする場合には、農業関係の事業に精通して申請事務ができなくてはいけません。請負事業や受託事業を受ける時には、契約を取り交わし、成果報告の作成などの行政的な仕事もあります。コンピューターまたインターネットのスキルは当然必要で、事業所の会計は企業会計なので複式簿記の理解も必要。このほか法人税等の申告、社会保険の労務管理や労災など様々な事務。こういった仕事ができる人が地域マネージャーです。

ただ地域内でマネージャーの素質を持った人を見つけるのは困難で、そういう人はなかなかいません。このために我々が独自に養成していくしかない。養成方法としては、一緒に現場で働いてもらいながら習うやり方しかできません。

最後に、島根県でも広島県でも中山間の将来像は集落住民組織の小規模化と高齢化で限界が近づいていきます。一方で行政機関は、多様な機能が必要な地域運営業務を担えません。こう考えると、今後の方向性として、地域運営組織と地域マネージャーの配置が必要です。そして地域運営組織が持続的な経営を可能にするには、補助金ではなく行政の業務のアウトソーシングが求められます。行政は業務のアウトソーシングを進

地域運営組織を担う人材育成にむけて　2022.02　ODA

1．島根県中山間地域の将来像

①集落、住民自治組織の小規模化、高齢化による限界。

②多様な機能が必要な地域運営業務を行政機関は担えない。

2．今後の方向

①住民主体による横断的な地域運営組織と地域マネージャーの配置

②このような運営組織の持続的経営を可能にする支援策が必要。

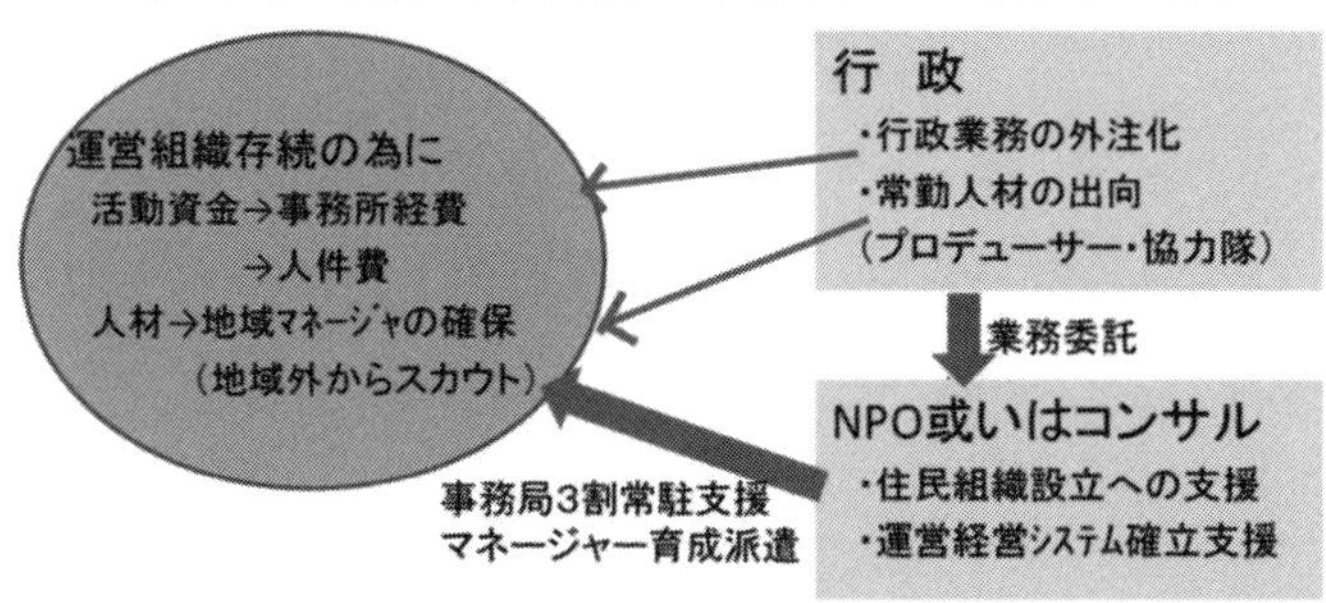

図表 20

めて、お金を地域組織に応援的に渡すようにしてほしい。我々は今、公民館も外注してくれと言っています。

また地域運営組織は、先ほど言った地域マネージャーを地域外からスカウトしなくてはいけないけれども、地域マネージャーとなる人材はそうそういないために、ＮＰＯ法人あるいはコンサルが地域マネージャーを育てて、必要な地域に派遣する仕組みを考えていかなければいけない（図表20）。地域運営組織を設立まで応援したり、設立後に業務が流れるまでの伴走者となる地域マネージャーを訓練しながら育てることは地域のために必要な業務ではないか。こうした業務を行政からアウトソーシングしていく流れをつくっていかないと、これからの地域運営は難しいだろうなというのが我々の思いです。

2 フォーラム【ディスカッション】

金谷：議論の糸口として、関係者から報告者の皆さんに質問をさせてください。一つめは、各地域の自治会や地域づくりの活動のなかで、行政から依頼される役や仕事が多すぎること、行政の福祉・環境・農業振興などの色々な業務が縦割りで仕事がしにくいという話が各々にあったことに関してです。過去に地域住民が分担してきた行政への協力関係の業務のなかにはもう断ってもいいのでは、と思うこともあります。市町の人口自体が減少してきたのであれば、地域ごとに分割して依頼して集約するよりは、役所で一括して行った方が効率的はないでしょうか。そして地域の人たちが楽しみにしている親睦行事とか、ビジネスとしてアウトソーシングされた行政の業務を受けることなどに特化することを、行政の方も考える時期ではないでしょうか。今日は地域の疲弊をよくご存じである市議会議員や行政関係の参加者もおられます。報告者の皆さんはどのようにお考えでしょうか。

もう一つ、行政が地域を支援するときに、これは問題だと思ったことなどがあればお話しください。

嶋渡：二点ほど補足すると、僕は羽須美にも住んでいますが、週のうち一日から二、三日は広島市内の中区でとても便利の良いところに住んでいます。築四〇数年の超高齢化マンションで、マンションの自治会にも役の問題はあります。最先端の超高層マンションでは話は違うかもしれませんが、都市部でも高齢化マンションあるいは高齢化団地の場合は、自治会の課題は同じだと思っています。

もう一点は、行政に頑張ってもらうべき所は当然ありますが、市町村は既に一杯一杯と個人的には思っています。行政のスタッフは減っておりお金も無い。役場のマンパワーが無いところでは、もう地域から力のある方が持ち寄ってやっていくしかないのかなと個人的には思っています。自分がやった方が精神衛生上楽だということです。その辺は今後も行政事業のお手伝いもしながら事情をお聞きしていかなくてはいけないでしょうが。

瀧奥：確かに作木町が三次市に合併された後、行政の対応は薄くなってきています。その分だけ自治組織のまちづくりに皺寄せが来たのは確かかなと思っています。そうした中で自治組織も一生懸命まちづくりをやっている状況です。

今の三次市では一九の自治組織に色々な交付金を出し「各自治区でまちづくりを頑張りなさいね」と投げかける仕組みになりました。しかし一九の自治組織の間で組織を運営する人材等の力に相当ばらつきがあり、ある自治区はすごくレベルアップした一方、ある自治区で従来どおりのままです。行政は短期間でもいいので、運営力がない自治組織の底上げを、公平性を少し超えてでも支援する必要があるのではないかとも思います。

なお過疎地域である作木町では、国のいろいろな過疎対策事業を進めてきましたが、旧三次市は対象外でした。しかし市町合併によって、三次市全域が過疎対策の対象となり、過疎対策事業を活用することになりました。しかし過疎対策は、我々作木町のような本当に人口が激減するような地域にこそ使っていただきたい。三次市中心部のまちづくりの向上のために過疎対策費を使っているようですが、今どこの町村を見ても、なにかちょっとずれているのではないかという感じもしています。これからいろいろな調査等、小さい集落の課題の掘り起こしをして、新たなまちづくりに向けて努力する必要があると思っています。

小田：町役場から要請される役員については、以前から問題があり、私も若いときは同じような意識でいて、自分の地域の常会で「この役はもうやめようよ」と提案したことがあります。「これとこれはもうやっても楽しくない、止められるのではないか」と言いましたが、地元の人から反対されました。「そんなことしてええんか」「他所はやっとってうちだけ止められん」「やらないけん。やろう」と。こうした地域のお年寄りの心配があり、また周りの地域とのバランス感覚があるので、すぐに変えることはできないというのが現実です。

そこで考えたのが「止められるところから止めていこう」ということ。先ほど話たように、かつて地区の常会では、お金を持ち寄って集まる集金常会が月一回ありました。それが年寄りばかりだと夜出られない家が増える。集金常会は止めて、毎月集金担当当番を決めるやり方に変えました。それでも足の悪い年寄りにとっては大変。うちの集落は下の家から上の家まで二キロぐらいあり、車がないと動けない。そこで一計を案じて、最近は年会費制にして、二万円の年間費のうち一万円を半期に入れます。二万円の年会費は、集会所の電気代、街灯、緑の募金、赤十字、社協の会費に充てます。それから庭の維持費、年末の助け合い、時々起こる火事見舞い。それら全部常会からまとめて出してATMで振り込みをします。というように会費を集めるのは年二回にして負担の少ないやり方に変えました。

それから今狙っているのは保健委員です。集落に一人ずついる保健委員の仕事は予防注射や健康診断に行く人の取りまとめ。昔は注射しない人に積極的に行くよう声を掛けるやり方でしたが、今はそこまでできない。保健委員の仕事は役場に返して、ダイレクトメールで通知すればよいのではないでしょうか。都会ではそのようにしているようで、広島市内で保健委員を選ぶ町内会は聞いたことがないです。

あとは地域の祭りの役割分担です。昔は神輿を担ぐのに集落ごとに年々交代で一五人出してきましたが、うちらみたいに集落が一二軒になるとできなくなります。それで、地域の氏子総代に、もう集落ごとで人を動員するのをやめてくれ、広く全体で五人ずつ集めるようにしてくれと提案したら三年ぐらいかかってようやく実現しました。

そのような状況ですので、一つずつやれるところからやっていけば、だんだん住みやすい環境づくりができるのではないかなという気がしております。

参加者C： 人材養成はどこの地域でも頭を抱えている課題ですが、小田さんの話の中で印象的だったのが、会ってみて「この人を誘ったら断らへんやろな」という人を探して捕まえる、まるで狩りのようなやり方をされていること。それから実務的が出来る人を募集しても見つからないから、一緒にやりながら覚えてもらい育てるしかない、と言われたこと。会社で言うとＯＪＴみたいな人材養成の難しさにどんな風に対応しているのでしょうか。具体的な育て方、あるいはこうなったらいいなと捉えている育て方はどのようなものですか。

小田：「口羽をてごぉする会」には、常駐の事務職員が二人います。還暦に近く、最初は何も経験がなかった方です。最初に、簿記を教えました。簿記にはコツがあり、ルールを三つか四つ覚えれば簿記はできます。振替伝票の右か左かを間違えなければ、後はほとんどコンピューターがやるので何とかなります。最初はとんちんかんなこともありましたが、じっくり訂正してもらう間に、今では一人で全部、部門別管理から全てやるようになりました。

もう一つ、多面的事業の管理のために、国や県が提供している「助さん」というソフトの場合、草刈りを何月何日に何人でやったという情報を、一定の様式で打ち込むと、一年後には県に出す実績報告書を自動で印刷してくれます。そういう便利なものを使い、作業ノウハウを教えたら、きちんと出来るようになりました。出来るところからやってもらいます。

最近では、社会保険の年一回の申告や、労災の申告等も全部二人の事務職員でやるようになりましたので、私もだいぶ横着ができるようになりました。

私自身が一〇年以上地域マネージャー的な仕事をしてきて、全体的に広く浅く仕事に関するノウハウが蓄積されたので、この知識と経験を使って、これからはきちんと地域マネージャーを養成できる講座を展開していこうと嶋渡くんと二人で相談しました。来年の一月から本格的に地域マネージャー養成講座カリキュラムを作り、一年間みっちり座学と現場実習を行います。二年目は具体的にどこかの自治会の事務所へ行っていただいて、そこでOJT（オンザジョブトレーニング）をやってもらうというプログラムを作りました（NPOひろしまね「地域マネージャー育成プロジェクト」http://hsnt.site/cmg-pj/（2024/03/14））。

嶋渡：必要な人材を育成するためには、出口論が大事だと思います。小田や安藤が二〇〜三〇年間も地域マネージャー、地域マネージャーと言い続けてきたのに、なぜ「地域おこし協力隊」ぐらいしか制度化されてないのか。

それは地域マネージャーが必要と言いながらも、地域マネージャーに必要な能力を整理したモデルをきちんと提示できていなかったためではないか。ＮＰＯ法人ひろしまねとしては地域をマネージしてきたけれども、そのモデルは一般化されていません。一方、邑南町の事業では、事務所で受付と会計をする人を地域マネージャーと呼んだりしています。ですので、地域マネージャーの人材像をきちんとモデル化することが必要ということを言いたい。一つはそういう人材像のモデルを作るということです。

それから地域運営組織は地域マネージャーを受け入れて、そこで地域マネージャーがどういう仕事をするのかという受け入れ側のモデルも必要。また地域運営組織と地域マネージャーを機能させる財源となる市町村のアウトソーシング事業を受けるモデルも作っていかないといけない。大学の助成金をもらったので、こうしたことに挑戦するつもりです。

地域マネージャーというのは、地域運営組織の経営、会計、人材や素材の手配、持続可能な運営のための事業立案や事業管理等といった事務局業務を担う仕事と考えています。これではまだ曖昧なので、全一〇回ぐらいの研修モデルを作っています。

地域マネージャーに対して、私は専門的なマネージャーというイメージを持っていて**図表21**の中では略記してＭＧと表していますが。地元内だけだと、事務局の人柄のいいおじさんと、事務局の会計事務をしているお姉さんです。それに対して、例えば小田さんのように一〇年かけてやってきた地域マネージャー業務の専門家がサポートに入る。

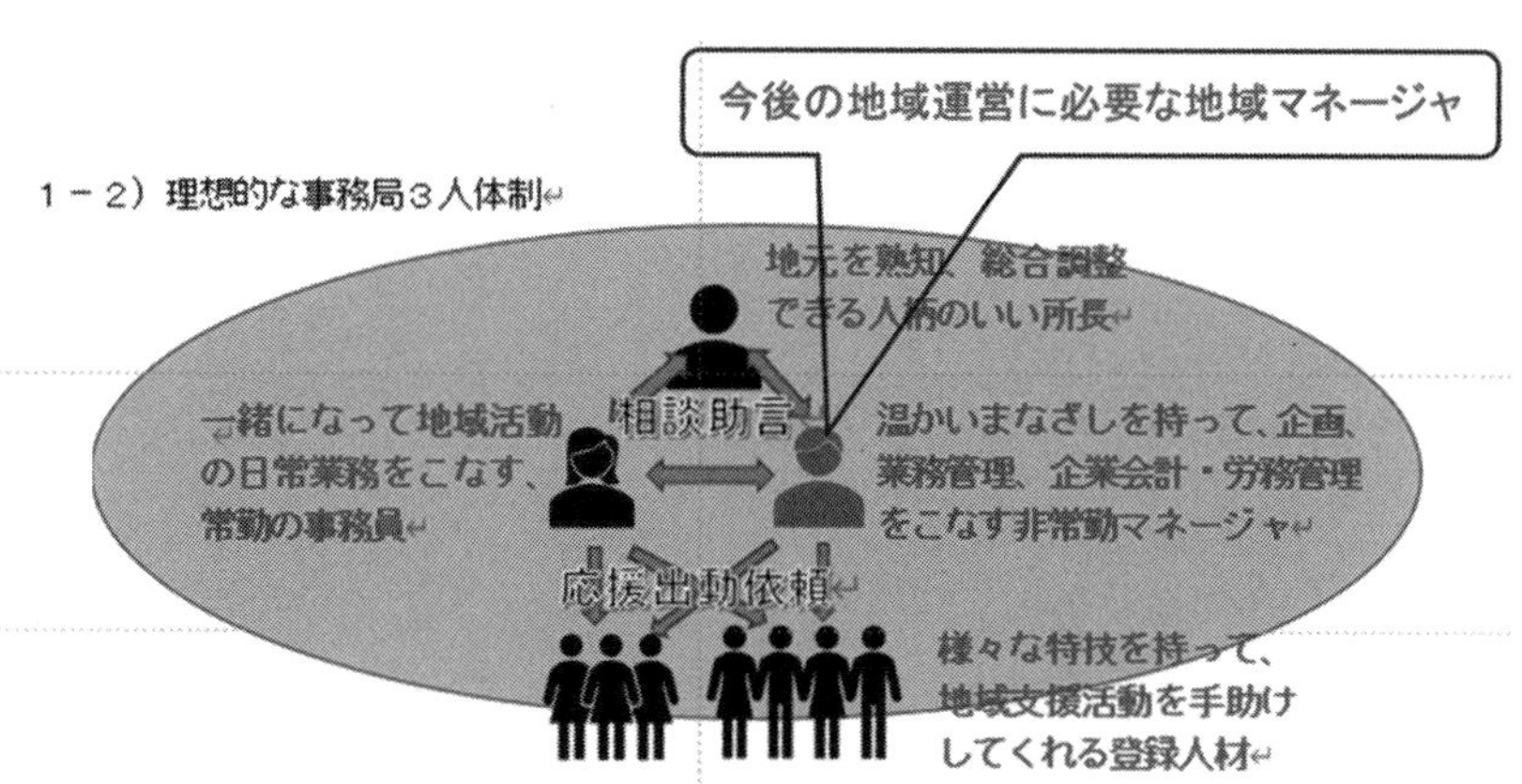

1－3）地域マネージャの主な活動分野

- ●企画立案、プレゼン、人材手配技術
- ●農業関係事業他、各種申請技術
- ●受託請負入札、契約等業務管理技術
- ●コンピュータ・インターネット技術
- ●企業会計（複式簿記）の知識
- ●法人税務申告・社保労務管理知識

地域マネージャーの配置イメージ（3つの地域運営組織を跨いでマネージメントできる専門職能）

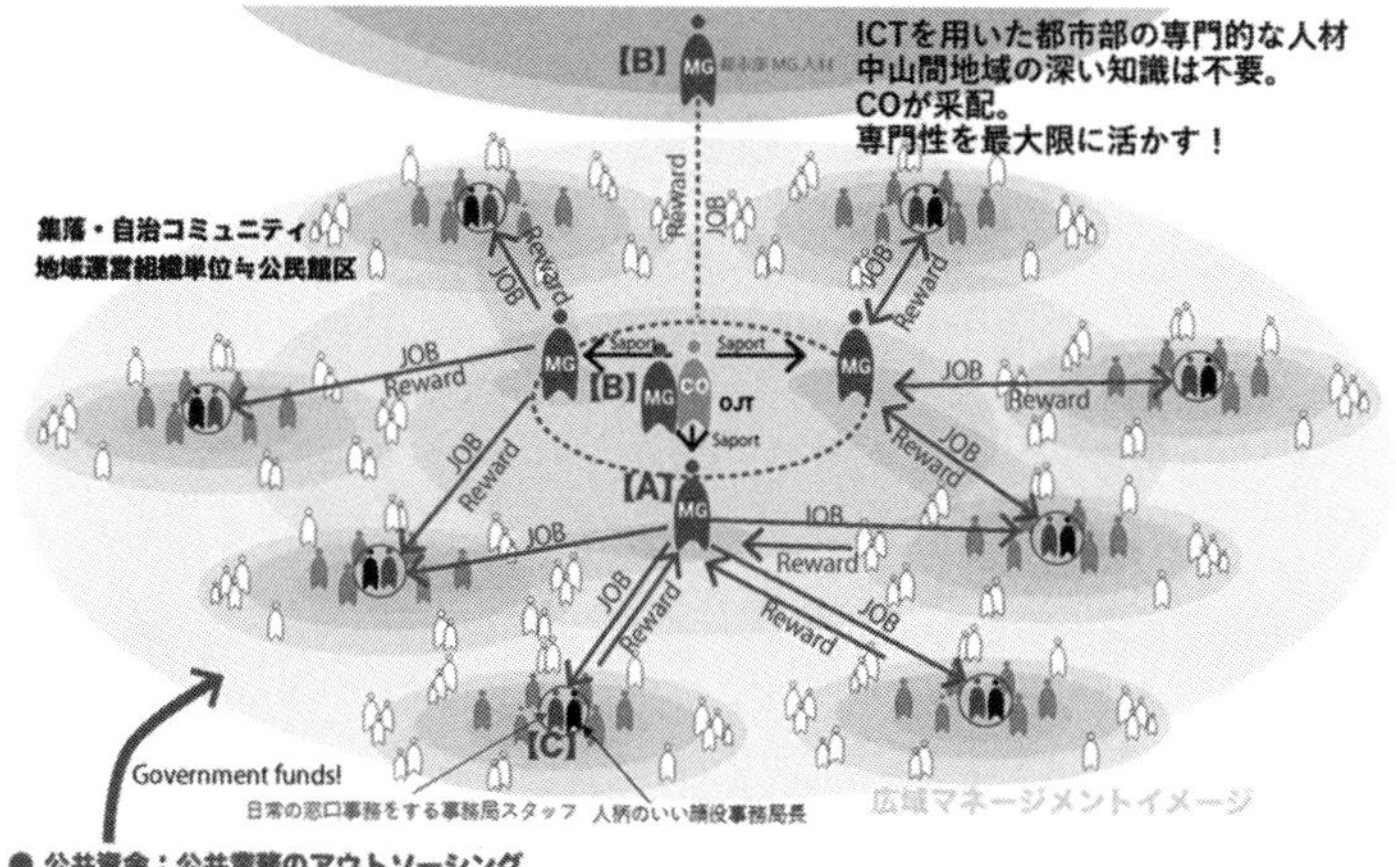

● 公共資金：公共業務のアウトソーシング
地域運営に関わる財源は、国及び地方自治体業務のアウトソーシングを基盤とし、「自治型社会の創造」に寄与するモデルづくりを行う。

23

図表 21　地域マネージャーの役割・活動分野・配置のイメージ

グレーの部分は一つの公民館区あるいは自治組織ぐらいのイメージです。各自治組織に対してマネージャーが付きます。地域マネージャーは三エリアぐらい担当して、各地域から一〇〇万円ずつマネージメント業務を委託してもらうと想定すると、年収三〇〇円万ぐらいの職が作れるのではないかと思っています。最低限の収入としてですね。

また地域マネージャーを置くだけではなく、これらをうまくコーディネートするコーディネーターが重要だと思います。この構想を広島エリアを対象に想定しているのは、もし地元の人材だけでは地域マネージャーを確保できないのなら、都市部のフリーランスや関係する専門的な知識や技術をもついわゆる士業の方をスポット的に連れきて、この輪っかの中で仕事してもらうことを考えているためです。

このようなアイディアは、今ある総務省の「地域プロジェクトマネージャー」という制度にすごく似ていますが、地域マネージャーと受け入れ地域との間でマッチング調整を行う中間支援組織がいないと機能しないと思っています。今の市町村は人材・財源の不足が大変であり、住民も一杯一杯になっている時だからこそ、中間支援組織の立ち位置をしっかりさせたい。中間支援組織が潤滑油になっていくことが必要なのではないかと考えております。実際にこうしたことをやっていきます。

参加者Ｄ：私は中山間部も都市部も一緒だと思います。都市部でも本当に高齢化が進んできて町会・自治会の役員がいないので、町会・自治会をもう廃止しようということが大阪市内でも起こっています。

都市部でも、行政の押し付けではない形で、地域のニーズに沿った役割を担う中間支援組織が望まれていますが、それを担う人材が本当にいるのか、それが大きな問題です。伝統的な自治会にはこの辺が難しい。特に地域マネージャーというものをいかに育てるか。

はすみ振興会の事務局のように、簿記とかPCの基礎的なスキルがある人と、業務全般を定期的にウォッチしたりチェックする専門人材の役割分担も有効な方法かなと思いました。専門的な人材には地域の外部の人を含めていいでしょうし、委託料等を払うとなると責任感も出るのではないでしょうか。都市部でも参考になる話でした。

嶋渡：我々のNPO法人ひろしまねは、たまたま中間支援組織と言われる専門家集団だと思っています。ただ「中間支援組織だから偉いんだ。だからこのポジションなんだ。」などとは言ってません。むしろ地域の人たちに「私たちは中間支援組織と言われる専門家集団です」と言っても伝わらない。けれども、せめて行政にはそのことを理解してもらって、行政業務全体で総合計画を作るとか、まちづくりのビジョン作るとか、そういう時に我々をビルトインしていただきたいと思います。行政の仕事が機能不全に陥るんだったら、僕らをビルトインして血の巡りを良くして、横断的に仕事をするから――という提案を受け入れてもらうと、もう少しいけるかなと考えてます。理事長どうですか。

小田：先ほど話した組織イメージはあくまで理想形ですが、NPO法人ひろしまねの活動の中でやっては挫折することを繰り返す中で、活動分野が絞られ地域マネージャの仕事内容がだんだん明確になっていった経緯があります。最終的に口羽地区でやってきた「口羽をてごぉする会」の実績が、かなり地域マネージャーの資質を示すいい機会を作ったと思っています。

本日の資料にはありませんが、一年間全一二回の座学と演習なかで、会計・労務また農業のノウハウなどの一通りの研修も実施しました。最近の若い人は、一反がどれくらいの大きさか、一反で米が何kg出来るか知りません。そのあたりから勉強しないと、地域のおじさん達と話ができません。そこも地域マネー

はすみ振興会の事務局

内部

小さなショップも併設

ジャーの勉強の一つで、これらを積み上げていくと、一年間では足りないくらいです。今日来ているT君も地域マネージャーの候補生で、これから一年間学んで一緒にノウハウのあり方を勉強していきます。僕らもT君から意見を聞きながら、一年後には地域マネージャー養成のカリキュラム、プログラムがある程度できる予定です。全国各地で展開できる汎用的なものになればいいと思います。

瀧奥：人口が激減する作木町の中で、地域マネージャーの養成のような取り組みには、なかなか体力が要ります。広域の中で取り組んでいただく必要があると思います。広域化する課題とそうでないこと整理していく。我々も定期的にお隣の町と同じ北部の山村として課題を共有しています。まずは作木町の中で再度、整理する転換期なのかなと思っています。

参加者E：大学で市町村の子育て支援政策について研究しています。お聞きしたいのは、子育て世帯の地域づくりへの参加についてです。今日のお話で地域づくりの担い手の仕事は非常にたくさんあることに驚きまして、日中は仕事がある人には無理ではないかと思いました。昨今ではＰＴＡの仕事でも担い手不足でもめているぐらいなので、これほどの八面六臂の活躍が必要に活動の担い手にはなかなかなれないのでは、と思った訳です。そこでもし、中山間地にはいわゆる九時〜五時ではない働き方があり、地域活動の担い手も多いということなら、地域づくりも含めた働き方の価値を見直していくことができるのではないかなと思いました。どういった働き方の方が地域の担い手として都合がいいか、望ましいかということについて、ご意見をお願いします。

嶋渡：僕も子育て世代です。どんな人を好ましいかを一言でいうと「プロフェッショナル」で「田舎が好きで好きでたまらない人」しかないです。どういう働き方の人かという問いに対しては、中山間地域でこういう地域づくりに参画しようという二〇代三〇代の人はまずいないと思ってください。中山間地域では所得が低い分、二馬力で所得を得る世帯が多いです。その割に都会ほど子育て支援サービスがないというのが実情です。

二〇代三〇代の若い人が地域づくりに参加しないと、いろんな所で言われます。四〇代も含めて。僕はまだ若い方なので「いや期待しないでください」と言います。地域づくりのために若い人が欲しい気持ちは分かるけれど「若者は若者で大変なんだよ」と。今の五〇代から七〇代は三世帯同居とかして子供の面倒を見てもらったのかもしれないけど、彼らは「まだ働けるから」といって二〇代三〇代の子供の面倒を見てくれる訳じゃない。このように環境や事情が変化している中で、若者、若者って言われても困る。定年してから再雇用なんかされずに、ボランタリーに地域で活躍してくださいよとか思っています。このため二〇代三〇代に地域づくりに参加することを求めるのは酷だと思います。

そうではなくて、最近パートナーになった若者のように違う場所で働いてるスタッフや、オンザジョブトレーニング中の若者たちが、自分で起業して自営業者として頑張ろうとしているけど起業だけでは食べていけない場合に、我々と一緒にやることでプラスの所得を得る、そのパターンしかないです。

仕事ではない住民の身近な活動について言うと、活動するのは土日しかないため楽しい活動を中心にしています。明日も羽須美エリアの阿須那地区で、T君が中心にやっている「あすな市」というイベントがあります。「あすな市」では、子育て世代が中心に出店し参加もするとすごく良いムーブメントが起きています。中山間地域では、土日には役場も公民館も商店も閉まるので、若い人は土日になるとコンビニや都市部の買い物できるところへ行っちゃう。しかし地域のイベントがあれば地元で楽しむ。そういうことが起きているのだろうと思います。

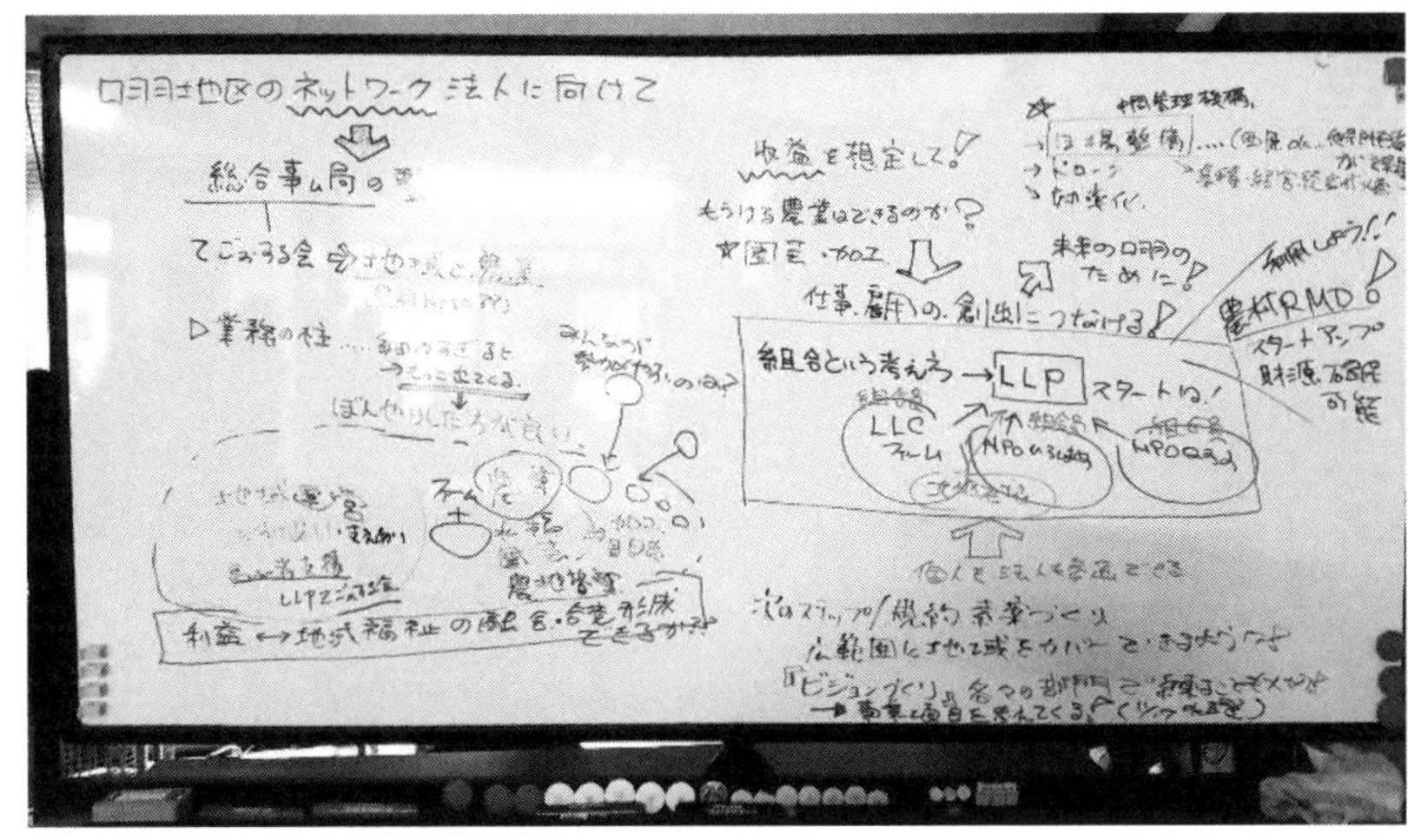

ディスカッションの軌跡

今日、邑南町のコミュニティのあり方検討委員会があり、羽須美の若い人に話を聞きたいというので、三〇代前半の三人と私を入れて話をしました。彼らは「楽しいことには行きたいと思う」言っていました。ただ「町の広報にある行事は楽しいかどうかも分からない」し、「そもそも情報がキャッチできない」と言っていました。けれども「あすな市」は「子供が〝行きたい〟と情報持って来るから行ける」だから「あすな市は地元に定着してきていている」と言っていました。子育て支援って親を支援する面から語られますけども、〝子供たちの成長にちゃんとコミットする子育ち支援〟をしないと親はついてこないと思います。

参加者F：Z大学に地域協働学部があり、私どもの集落、地域でワークショップを始めました。試行錯誤しながらの活動ですが、もう二年になります。基本的には地域資源の発掘がテーマで、学生の目から見た地域資源を地域でもう一回見つめ直そうという活動で、幾つかの事業に取り組みました。

例えば、ニホンミツバチの巣箱。地元のおじちゃんがたくさん作っているニホンミツバチの巣箱を見て、あれは何だろうと調査して、その歴史を調べてレポートにまとめたりしました。また集落に棚田がたくさんあり、そこにある水路をみて、これは何か?という学生の問いに対して、田植えをする前に上流から水を引く水路であることを教えて、その水路の整備をするという体験をやってもらいました。古い民家で襖の裏張りに二重三重に貼ってある古文書みたいものが見つかって、それを県の文化センターにお願いして、一緒にそれを剥がして整理をする作業にも取り組みました。

大学からの依頼で、私が窓口をやっていますが、もう少し、大学側学生たちも我々地域の人間も、お互いにプラスになるような格好になればとは思っています。今のところ、大学と学生の要請をただ受けているだけの格好なので、何かヒントがあれば教えてください。

参加者G：私が住む地域では、A大学の学生が地域貢献で地域へ出向いています。関係人口とか当地域に思いを寄せる若者達です。学生とまちづくりに携わる私達自治協のメンバーはある一定の接する機会はありますが、地域全体にはそんなに認知されていません。

外から地域での学びを求めてくる学生の価値観と、地域の人との価値観は相違があるかもしれませんが、これからのまちづくりのための接点を見出していきたい。そのためには、学生による地域貢献活動をいかに地域に広めるか、地域の人に認知してもらうかが大切です。学生には、どんどんどんどん甘えてきなさい、頼ってきなさいと言っています。一つの事例として茅葺きの保全に取り組んでいますが、それらをどんどん地域に出してください、地域に甘えてくださいと言っています。私から見れば、遠慮もあるようです。まちづくりに携わる中間役の人を頼ってもっと発展させたい、

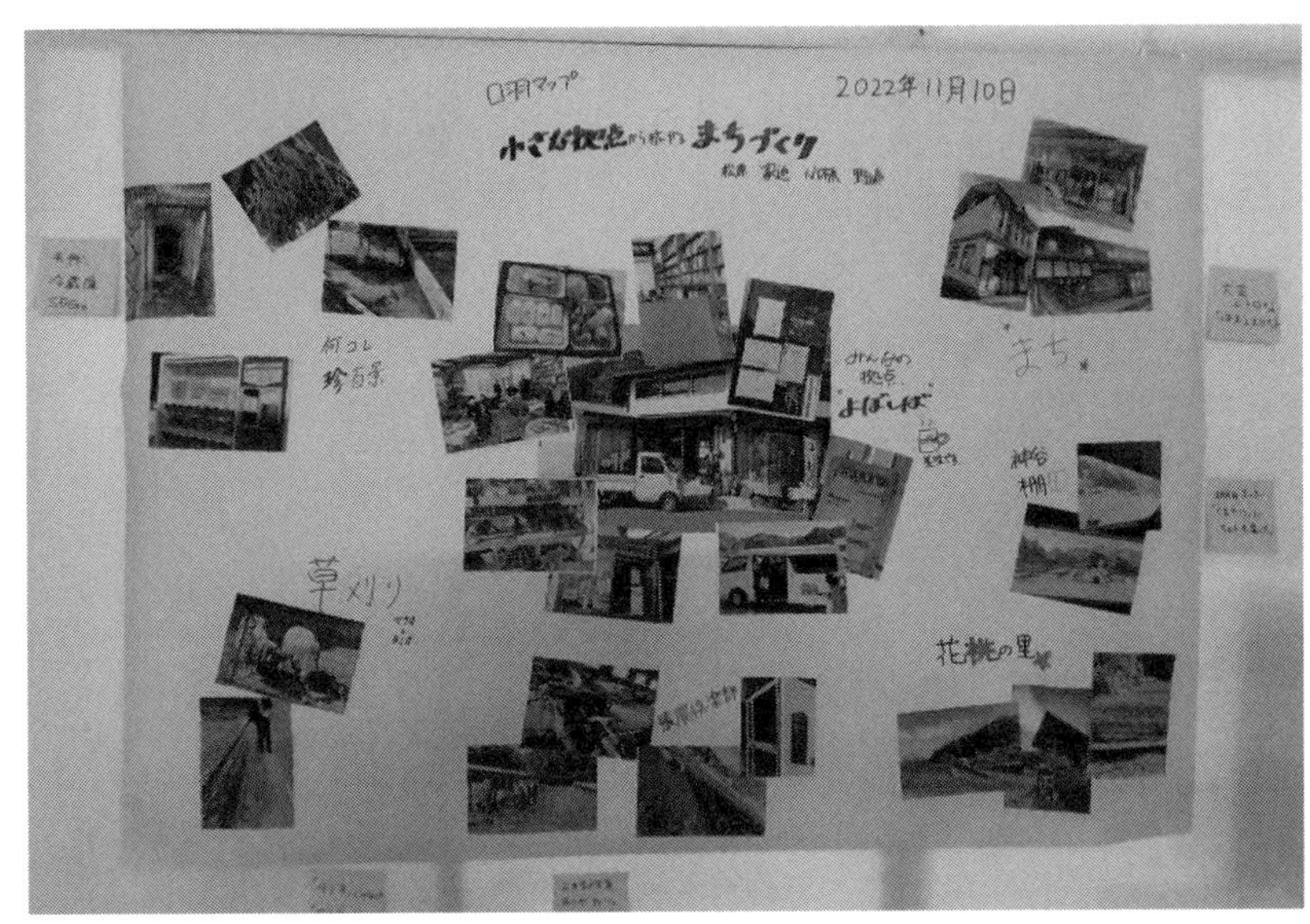

住民手づくりのマップ

というのが今の課題です。

小田：うちの場合は、ある程度課題と将来のアクションプランを絞り込んでいますので、場合によっては断ります。一週間程度預かってくれというようなことは面倒くさいから嫌だと言っています。だけど、最近島根の県立大学で地域政策を担う人材を育てる科という新しい科ができました。大学の先生が学生は四年後にどこに就職するのか、就職先はあるだろうかという心配をしています。

そこで僕らが今考えている地域マネージャー論でいうと、大学で地域マネージャーを育てても、さっき話したような月給は三〇万ぐらい取れるような仕組みが出来れば、「こういう仕事があるけど、やってみる?」とを言えるのですけど、まだそこまではいってません。

僕らがこれから大学生や、地域外の若者と関わる場合には、中山間地の舞台に興味を持ってくれる人と関わっていきたいなと思います。誰でも来れるとは考えていません。

僕が田舎で暮らしている最大の理由は、極端にいうと川でウナギを取れることです。この遊びがたまらなく嬉しいです。鮎が採れる。それはいい就職場所があるとかいうより嬉しいこと。私は田舎が好きで、本能的にそういうものが身近にあるところで一生暮らしたいという思いがあって、帰ってきました。なので、できればこれからの若い人にもそのような思いを持ってほしいという気持ちがあります。

これから考えようとしている事業は、夜の魚採りができる講習会とか、山へ行って食べられるものをみんなで探し当てたり、料理して食べたりする、いわゆる田舎体験塾みたいなこと。こうした体験の面白さを、地域の子供たちや子供の親に知ってほしい。最近の子供を持つ親は、川で泳いだ経験が無い人が多いです。だから「江の川流域には六〇種類くらい魚がいますよ」と言ったらもうびっくりします。鯉か鮎ぐらいしか知らないですから。

地域づくりのなかで、これからの若い人にはまずは田舎の楽しさ、田舎で暮らすことの意義みたいなものを感じてもらう体験を、僕らが刷り込んでいかないといけません。若い人の活動は高齢者支援とかそういう現場ではなくてもいい。都会へ出た後に田舎へ帰ると楽しいことができるから、やっぱり田舎で暮らそうかなと思ってくれる瞬間を突く。淡い期待ですけども。そう考えるなら、若い人でも、大学生でも、バリバリ都会化した若い人でもいい。いきなり夜鰻採りに連れて行ったら、もう大感激して僕ここに住むとか言い出すかもですね。そういう要素もすごくあると思っています。

四万十川の皆さんもそうではないでしょうか。おそらく最後の手段は、四万十川をいかに見せるかということ。僕らの町も江の川をいかに美味しく見せるか、だけですね。

ただ田舎へ来ても仕事がないじゃないかとなります。

住民手づくりの「あすな市」（邑南町阿須那地区）地域の子供が沢山集まっていた。
（2022 年 11 月 13 日）

その時に半農半ＸのＸの一つに地域マネージャーの仕事をそこそこやると一定の収入がありますよという仕組みを作りたいというのが、今の考え方です。

瀧奥：作木町の場合、若い世代と高齢世代の考え方はかなり開いています。大学の学生の皆さんには、若者と高齢者の考え方の違いをどう調節するかについて、単に調査やアンケートだけではなく、どういう風に今の若い世代と高齢者の考え方を調整し調和させるのかを考え取り組んでいただきたいです。五〇％以上の高齢化率である地域の住民が本当のところ何を考えているのかを若者に伝えることで、何かが変わることを期待したいです。

嶋渡：成果だとか何か効果があるとすれば、多分一〇年後だと思います。

金谷：地域マネージャーは、素晴らしいアイディアでこれが実現したら、地域に対する相当なカンフル剤になるように思いました。一方で小田さんの報告の中で、住民の自発的な活動が当初なかなか地域に認められなかった時に、メンバーである地元の地区社協関係者につながることで地元の人たちに認知されるようになったという話がありました。各々の地域はローカルルールや土地に根づいた人情でつながっているところもあると思います。そこでお聞きしたいのですが、こうしたプロフェッショナルな地域マネージャーが育った後に、例えば広島で育てた地域マネージャーが高知や北海道に行って仕事をすることは、考えられるのでしょうか。

嶋渡：地域マネージャーがどこにいっても活躍できるという話ではないです。先ほど話したとおり、受け入れる側の地域にマッチングしたり、潤滑油になるフィールドの中間支援組織がいて初めてプロフェッショナルがどこから来てもできると思っています。地域マネージャーの育成プログラムは今回はエリアを邑南町に限っています。そうしないと人材モデルも研修内容も事業のモデル化もできないと思ったから、狭いエリアでやろうと思っています。これが例えば広島市であったら、広島市なりのプログラムで育成した人でないとダメだし、それが例えば岡山市にいったらフィールドマネージャーさんに言えば活躍できるかもしれないけれど、高知だったら無理です。でも例えば、作木とか隣の羽須美で経験を積んだマネージャーが、高知の四万十町の中間支援組織にマネジメントしてもらって入って行くなら、八割九割は通用するのではないかなと思ってはいます。

ただ、全部をウチで育てるということではなくて、育成プログラムそのものも各地の中間支援組織で実施するべきだろうなというのが基本姿勢です。

小田：地域運営組織の基本的なモデルとして、僕らが考えている人材体制は三人体制で、一人は人柄のいい地域のことがよく分かっているおじさん。この方がセンター長で、名誉職でも非常勤でもいい。それから事務会計などを担当する事務員が一人。それに地域マネージャーという「よそもん」の人が入って、この地域マネージャーをうまく地域と結びつけるのが人柄のいいおじさんの役。

このように地域に馴染ませて調整していく仕組みがないと、地域マネージャー一人では、何もできないです。ほっておくと、寂しなって、すぐ帰ってしまうと思いますよ。邑南町の場合は、町内の一二の公民館区に一つずつ地域運営組織を作る構想があり、公民館ごとに地区別戦略事業として、年間三〇〇万円の資金でこうした仕組み作りをしてもらっている所です。

だけど、仕組みも場所もできても、やはり地域マネージャーがいないと不安なので、三年後には邑南町の各一二公民館区で地域マネージャーの配置を要請する所にはきちっと配置する。そしてできれば一二公民館区の中の人材を地域マネージャー養成講座に来てもらって、びっちり一年間勉強してもらい、あとはオンザジョブトレーニングで地域のマネージャーになってください、という仕組みを考えながら進めていこうとしています。

手島：人のいいおじさんが沢山いてくれたらいいですね。

安藤：お礼方々、少し話をします。私は今の時代、逆の話でいいのではと思ったりしています。自分達のことは自分達でやるというのが非常に美しいし、コミュニティ活動の目指すところのように言われてきましたけれども、もうそろそろ行政に全部返す取引をしてもいい時期かもしれません。

特にわが作木町で常会は行政から言われたことを、素直にそのまま真面目に受け止めて、何とかこなしてやってきました。しかしその現状を見ていると、もうそろそろ行政は行政の役割をしっかり果たして、住民の豊かな生活を堅持すること本来の姿になっても良いのではないか——と。

そうはいいながらも、自分たちで、新しい手法や考え方で、自分たちが住むところをもう少し面白く、楽しく生き生きしたところにしていきたいなということが、これまでずっと活動の基本でした。かつての合併前の役場のように地域の住民の日々の暮らしをしっかり見つめて、その人たちの生活のためのサポートをずっとやってきた、そんな時代の役場を私たちが行政に代わって作るというのが大事なのではないか——というようなことで〝もう一つの役場〟というようなことを議論したのが二〇年前。それから二〇年経って、こうした活動が地域の基盤となって、少しは安心して暮らせる地域になるだろうと思っていたら、どんどんどんどん地域で暮らす人たちが減ってきて、地域を運営できる役員さんはいない、人もいないというような状況になってきました。

このようにだんだんと状況が変わってきた中で、今日話の中であった地域マネージャーの大事さというのが浮き彫りになってきた状況です。これまでも人材育成は大事だということを言ってきました。中核になる人が大事です。この間、二〇〇八〜〇九年には集落支援制度、それから地域おこし協力隊制度が出来ました。それでも地域が蘇るということにはならないという状況を見れば、核となる人材は必要であると同時に中間支援組織も必要。例えば合併前の自治体単位くらいに、中間支援組織が必要なのではないかなというような思いをしながら、今日の皆さん方のご意見や発表者の話を聞いていました。そういう受け皿も作りつつ、人材養成をしてそこに派遣をしていくというようなシステム作りというのが、これからひろしまねの勉強会でもあるし、実地の取り組みにもなっていくのではないかなと思ったりもしています。

ここで出た話は現実のごく一部です。集落はまだまだ大変になってくると思いますが、それを跳ね返すような妙案もなかなか無いと思います。けれども、日々の取り組みの中で少しでもそれを解決して地域で暮らすことの意義、意味、あり方、価値、そういったものを新しく見出しながらちょっと元気になっていきたいなと思っています。今後ともひとつよろしくお願いいたします。今日はどうもありがとうございました。

手島：最後に三人の報告者から一言ずつ今日の感想についてお話ください。

嶋渡：安藤理事長の最後の檄で少し元気が出ました。僕自身がまだまだ成長するように頑張ります。皆さん助けてください。ありがとうございました。

瀧奥：今日、いただいたいろいろな意見等を今後の作木町のまちづくりの参考にさせていただきます。本日はありがとうございました。

小田：今日私が番大事かなと思ったことは、地域の組織の資金をサポートする行政の担当者に、僕らが始める新しい仕組みづくりとか、地域マネージャー育成という誰もやっていないようなこの新たな仕組みの有用性がご理解いただけるなら、是非地域の行政の政策提案の中で、地域組織を助けるような色々なアウトソーシングとか、単なる補助金ではない地域の運営に関わるコンサルやＮＰＯ等——どこの地域もいると思います——とうまく連携をとって、新しい仕組みづくりをぜひ応援をしていただきたいなということです。今日参加された多くの方々とつながって、そういう輪が広がっていけばいいなというのが最も今日この場で出てきた願いです。そういう意味では、かなり有意義な会議だったと思いました。ありがとうございました。

3 コミュニティのレジリエンス
――地域と人を耕し続けるということ

金谷信子

地域コミュニティとコミュニティ政策の現在地

今回のフォーラムでは、中国山地の中山間地において地域コミュニティの存続と発展に献身的に取り組む事例をご報告いただいた。一般化することは難しい話と思われるかもしれないが、フォーラムにおいては、地方でも都市部でも自治会等の機能低下が課題であることが何度か話題になった。またここで報告されたのは稀少な事例かもしれないが、フォーラムの記録はきちんと残すべきと強く思った。その理由は次のとおりだ。

昨今、地方自治体でも国レベルでも地域コミュニティ活性化のテコ入れ政策が拡大している。地域コミュニティの中心にある自治会・町内会の活動が全国的に低下しており、自治会・町内会などの協力を前提に組み立てられてきた地域運営や自治体行政が今後成り立たなくなる恐れも出てきたことが、その背景にある。だが様々な地域コミュニティ活性化政策のアイディア――自治会・町内会への加入の積極的な呼びかけ、活動を支援する専門人材の育成、活動内容の見直しや合理化など――を聞く度に、私たちは実際のところ地域コミュニティの実態をどれほど理解した上で、こうした政策を議論しているのだろうかという思いを消化できないままでいる。

そのような時に、この度のコミュニティ政策学会の移動フォーラムに参加する機会を得た。地域コミュニティの活動をこれほど可視化して、住民同士でのコミュニケーションを重ねて、粘り強く新しい取り組みに挑戦し続けるエピソードの数々が非常に印象的だった。昨今では都市の住民が多数派であり、地域コミュニティの研究や事例紹介も都市部の活動が中心になりがちだが、中山間地域の地域コミュニティの実像・課題を自らの手で描き出し、活動に乗り出した稀有な事例のなかにも私たちが共有すべき学びがあることを、多くの方々に知っていただきたいと思った。

地域コミュニティの実像――中山間地域の地域コミュニティの進化型

嶋渡さんの報告では、集落でどんな仕事が具体的に担われているのかを、細分化し見える化されていた点にまず驚いた。近年、中山間地域の集落機能の衰退が危機的であることが問題になっているが、本気で事態を動かすためには、地域に根を張って目を凝らして地域を見つめ、詳細に地域データを分析して実像を可視化する作業がないと前に進まないことがよく理解できた。「コミュニティの機能を強めることが大切」と上から号令をかけるだけでなく、地域の住民に納得してもらえる根拠の必要という言葉が説得的だった。ただここまで来るには相当なご苦労があったことと想像する。

発表の中で特に興味を引いたのは、子供対象のアンケートだ。大人が一生懸命頑張っている姿をみて、将来自分が地域活動に参加したいと思っている子供達は五割ぐらいという話である。約半分の子供はポジティブに評価しており、地域の子供たちは大人たちの努力をちゃんと見ていることがうかがわれる。活動する当事者にとっては、やらされる仕事より自らが楽しめるお祭りのような仕事を大切にしていくことが重要という話もあった。活動を楽しむ大人の姿が子供たちの地域に対する思いに反映されているように思われた。

瀧奥さんの作木町のまちづくりビジョンに関するご報告は、住民主体でよく練られた具体性のある計画だと拝聴した。長年の行政経験と地域に対する思いを備えられた瀧奥さんと、地域おこし活動のレジェンドである安藤さんがタッグを組んで進められたに違いない作木町のまちづくりについて、当地で学ぶという貴重な機会を得たことに感謝している。作木町自治連合会では、地域住民が立ち上げたＮＰＯ法人元気むらさくぎと連携して、様々なプロジェクトを進めておられる点でも、従来の自治会活動を超えたシステムづくりを実現するパワーを感じた。

他方で作木町あるいは作木村の時代から続いてきた常会—区の仕組みを、人口減・高齢化のため見直そうとしても住民意識が壁になることがあるという現実、また市町合併により自治会連合会と行政の関係が変化するなど、一筋縄ではいかない課題に直面していることを教えていただいた。

小田さんのＮＰＯ法人ひろしまねとはすみ振興会のご報告では、挑戦するべき課題が多い中山間地域において、地域の維持・発展に全身全霊で取り組む住民の皆さんの生き様を学ばせていただいた。二〇〇八年に初めてＮＰＯ法人ひろしまねの事務局を訪問して「もう一つの役場構想」を伺った時、志が高いアイディアに感じ入った一方で、民間団体と行政機関の機能や資源の差を考えると具体的な姿を想像しにくかった記憶がある。しかし今回改めて、住民主導で地域社会を守ることの意義と、そのために必要なコミュニケーションや心構えの要諦について教えていただいた。行政とコミュニケーションを重ねながら業務のアウトソーシングを誘導したり、また様々な町・県・国また民間の助成金の獲得にも挑戦されて独自で新しい取り組みを進めておられる積極性にも感銘を受けた。

ディスカッションの後半で紹介された地域マネージャーの育成という新しいプロジェクトはなかでも印象的だった。地域コミュニティ活性化政策において「人材育成」は定番メニューの一つだが、ヒトを配置してもなかなかうまく機能しないという話が、残念ながら少なくない。こうしたなかでNPO法人ひろしまねでは、地域の関係者が議論を重ねて、地域に必要な人材を自前で育てようとしていること、但し地域内に止まるのではなく地域外の若者たちの参加を得ること、そして地域マネージャーの育成は専門性を備えた中間支援組織が支えていくという話であった。

このことは、ソーシャル・キャピタル論でいわれる橋渡しの機能を中間支援組織が担おうとしていることだと理解した。また外部の資源に安易に頼るのではなく、自分たち自身の経験を糧に地域に貢献できる人材像を描き、自分たちが蓄積してきた資源を活かして人材を育てる点では、内発的な発展を体現されているようにも思われた。

今回のフォーラムには地元の行政関係者、議会議員、はすみ振興会のスタッフなどが多数参加して議論に加わって下さったことも印象的であった。公民協働で仲間と共に地域の課題解決について学び行動しようとする姿勢が垣間見えたと同時に、これらの活動が地域に根付いたものであり支持されていることを感じた。規模の小さな基礎自治体においては、住民と行政が紆余曲折しながら交渉を重ねて一緒に地域づくりが出来る可能性が都市部より大きいことを直に学ぶことが出来たことに感謝している。

地域コミュニティの多様性を学び続ける

今回、中山間地の農村を含む地域コミュニティ活動が住民生活と生産活動にいかに密着しているのかを知り、年々増加してきた行政協力の仕事にも粘り強く付き合ってこられた様子を拝見して、日本の地域コミュニティの源流の一端に触れることができたように感じている。

昨今では自治会・町内会の存在意義に関する議論も目につくようになり、例えば朝日新聞では二〇一五年に「自治会・町内会　曲がり角」、二〇二三年は「どうする?自治会・町内会」という特集記事が組まれている。二〇二三年のアンケートによると自治会・町内会の加入が減っている理由として最も多いのは「参加する利点がわからないから」であった。参加する利点を住民が何に求めるかは別として、自治会・町内会は外からは本当に見えにくい存在だと思うことが多い。そして地域コミュニティの実像を捉えることは本当に難しい。

今日では人口集中地区に七〇%が居住し大半の人々は都市で生活しているが、一九五〇年代の就業構造では農林漁業が五割近くだった。高度成長期以降に都市部に移動した人々が新しい町に地域コミュニティを作るとき、故郷でなじんでいたスタイルを踏襲した地域も少なくないのではないだろうか。以前にある自治会関係者が「この地域の子供に故郷をつくってあげたいから住民総出でお祭りをやる」と話されていたことが心に残っている。

ややおおげさかもしれないが、地域住民の生活・なりわいを維持することを自らの仕事と任じて中山間地のコミュニティで活躍しておられる方々の姿には、近代日本の地方自治制度が村落共同体の自然村をベースに行政村が形成されてきたという説がオーバーラップして見えた気がした。住民自身で地域の生活を守っていく必要性を感じている人々が年々減少しているなかで、住民生活を維持する母体でもあった自治会・町内会のルーツを学ぶことは、先行きが見えない現代社会の地域コミュニティを見直す一助になるかもしれない。繰り返しになるが、地域コミュニティの活性化を実現していくためには、まず各々の地域コミュニティの実像を丹念に見つめて探究し議論を重ねること、そしてこうした地域コミュニティの実像は多様であることを十分に理解することの大切さを学んだ気がする。

コミュニティのレジリエンス

現在の自治会・町内会は、戦前・戦中の部落会・町内会が制度的に否定された後に、再興される形で発展してきた側面があるために、非民主的で因襲的な組織として批判の対象になったこともある。しかし基本的には住民自らの意思により生活環境を維持するために今日あるような自治会・町内会が全国各地で結成されてきた。

一九九〇年代以降にＮＰＯなどの有志の住民活動が活発化して世間の注目をさらうようになってからは、行政下請け型の旧式のボランティアという位置づけがなされて存在感が薄れた時期もある。しかしその後「無縁社会」「空き家問題」など地域の人間関係の希薄化がもたらす課題が顕在化し、また東日本大震災の救援活動における地域コミュニティの存在感などから地域コミュニティに対する社会の意識の潮目が変わったように思われる。

今日の自治会・町内会は、旧態然とした活動や閉鎖的で不透明な運営、また非加入者へのプレッシャーなどに対する批判や課題が多々あるのも事実だが、社会がどんなに変化しても何らかの形で維持されてきたこと、また今日においても自治会・町内会を支持する人々が一定数存在するのをみると[1]、地域コミュニティのレジリエンス（復元力）を感じざるをえない。

今回のフォーラムで報告された地域コミュニティの事例は、中山間地から急速に人口が流出し、地域の農業や生活を成り立たせるのが困難な状況が広がる中で、地域住民が主体的に動き始め、地域に蓄積されてきた地域コミュニティの潜在力と、新しい手法と知恵を取り入れた共同作業に進化させて、地域と地域コミュニティを維持するというレジリエンスを発揮している好事例だといえる。地域と人を耕し続ける取り組みだともいえる。広島市と羽須美町の二拠点居住しながら故郷の地域コミュニティを元気にするという新しい仕事の仕方、また地域に足場を置きながら外からの若者や専門的人材を地域につなげる工夫からは、中山間地の地域コミュニティを未来につなげる可能性が見えた気がした。

今回のフォーラムには、コミュニティ政策学会の中国地域の研究会に開催地の三次市だけでなく、庄原市、広島市、高知県など様々な地域から参加いただいた。地方の住民が主体的に地域の課題に取り組むには、都市部を中心に標準化された手法を導入するよりも、同じ切実な悩みを抱える地域間の人々の情報共有・意見交換あるいは切磋琢磨が重要と常日頃考えていたため、こうした交流の機会が持てたことは大きな喜びでもあった。

近年、若者の地方移住や田園回帰の動きが徐々に増えてきた中で、都市部から来た住民が地方の社会生活になじめないという問題があることをしばしば聞く。摩擦の一因として、地域コミュニティは地域によって相当に異なるという認識や共有された情報がほとんどないという事情が影響していることが考えられる。地域コミュニティを維持しようとする人々のエネルギーや価値観を紹介した本書がこうした誤解を解く一助にもなれば幸いである。

注

1 朝日新聞の特集記事「自治会・町内会　曲がり角」（二〇一五年）および「どうする?:自治会・町内会」（二〇二三年）のアンケートによると、「自治会・町内会は必要」「どちらかというと自治会・町内会は必要」という意見は四割近くである。

参考資料

朝日新聞 DIGITAL　フォーラム「どうする?:自治会・町内会」[募集期間] 二〇一五年九月一七日〜一〇月一日、https://www.asahi.com/opinion/forum/012/ (2024/03/04)

朝日新聞 DIGITAL　フォーラム「曲がり角の自治会・町内会」[募集期間] 二〇二三年二月二日〜二〇二三年二月二二日、https://www.asahi.com/opinion/forum/172/ (2024/03/04)

4 まとめにかえて

前山総一郎

「新たな時代への地域運営組織を考える」！

この時代に、本書では、地域運営組織のあり方にむけて、「大字（おおあざ）」単位や旧小学校区規模での「新たな地域の仕組み」を模索したものである、と提起されている。けれども、このテーマは、二〇年ほど前から何度も挙げられてきたテーマだ。なぜ、今、またなのか？

長らく、東京一極集中、大手企業中心で、その他には手をこまねいてきた公共政策のありかたやその慣性力が働いてきたなかで、他方、それに抗してよい地域をつくろうとする試みが、省庁やまた自治体から行われてきてもいる。そのなかでこのテーマが語られてきた。

例えば、国土交通省関係では、「道の駅」の基本機能である「休憩機能」、「情報発信機能」に加えて、「地域の連携機能」が重視され、全国の各地方で、「観光、産業、福祉、防災等、地域資源の活用や地域の課題解決を図るための地域のゲートウェイや地域センターとして機能」するものや、「地域活性化の拠点となる」ものとして機能することが期待されて、毎年「地方創生拠点」としての道の駅モデルを選定し現在も推進している。また、全国約二〇〇自治体で構成された「小規模多機能自治推進ネットワーク会議」は二〇一五年に、地域の買い物や福祉などを支援する協議型の「まちづくり協議会」、しばしば「小規模多機能自治」、「第二の役場」とも呼ばれる地域の活動と実際のありようを念頭に、新たな法人格「スーパーコミュニティ法人」の提案を行った。（なお、経済産業省など省庁も審議会を設置し検討したが、法人制度はまだ創設されていない。）

さて、本書の「新たな時代への地域運営組織を考える」という提起は今、新たに、道の駅に代わるような地域拠点の提起をしたり、あるいはスーパーコミュニティ法人のような制度的仕組みを提起しようとするものではない。では、今、何を問おうとしているのか？

コロナ禍を経て、人口減や青少年が減り、若い女性が減少するといった「地域の姿」が変化しているときの今である。ここでは、むしろ、内発力を活性化する、あるいは内発力を引き出し形にすることの可能性、してその先に収益事業も含めて「地域の経営」を具現化することを提起するものである。

本書では、「特定非営利活動法人ひろしまね」（嶋渡克顕さん）、「一般社団法人　作木町自治連合会」（瀧奥祥二郎さん）、「特定非営利活動法人　はすみ振興会」（小田博之さん）がそれぞれ、この厳しい地域課題に果敢に取り組まれていることが示されている。金谷レポートにあるように、はすみ振興会ではまさに、中山間地域で挑戦すべき課題が、地域の維持・発展に全身全霊で取り組む住民の皆さんの生きざまを学ばせて頂いた。作木町自治連合会では、住民がたちあげたＮＰＯ法人とともに、様々なプロジェクトを進めておられ、従来の自治会活動を越えたシステムづくりをしておられることの貴重な知見をいただいた。ひろしまねの嶋渡報告では、データを基にした検討、一五年後のシミュレーション、役務・仕事の統合での仕事の再編成といった、可能性があることが示され、厳しい地域でも仕事の再編成などでより持続可能な、レジリエントな展開が可能であることの希望を感じさせてもらうこととなった。

ここで、参考として「地域の経営」に関連して二つのことに触れておきたい。第一に、セクターの連携である。今後、地域組織にとって、地域のための仕事と経済の好循環をどう作り上げるか。中国経産局の研究会(二〇一七)では、①地域組織、②地域密着企業(例えば、せとうちジャムズガーデンのような、地域を支える営利組織)、③非営利組織(例えば、NPO法人学生人材バンク)のセクターの組み合わせによる「好循環連携」モデルが研究されている。第二に、住民の自立事業経営である。米国では、全米中山間地域での農家が連携して、電気協同組合(Electric Cooperative)を立ち上げて、電気会社の四〇%の経費削減に成功している。「住民の連携は経済的に有効だ」とされる。「セクターの連携」と「住民自身の自立事業経営」!

作木町、はすみ振興会の事例をみるにつけ、それに類した「地域の経営」の内発的なポテンシャルがあるのではないかとの希望を感じることとなった。その最大の源泉は、これらの地での、かつまた中国地方各地でのレジリエンス(強靭なしなやかさ)であり「創意工夫力」である。大きな希望の力を感じる今である。

参考文献

経済産業省中国経済産業局、「中山間地域における「ひと」「しごと」「資源」の好循環による地域の自立・継続にむけた支援方策調査」(報告書)、平成二九年(二〇一七年)

編集後記

このブックレットの編集作業中に、報告者の嶋渡克顕さんがご逝去されました。中国地域の地域づくりの第一人者としてますますご活躍されることと確信していたため大変残念でなりません。本書を通じて嶋渡さんのご功績が多くの方々に伝わることを念願しています。

編者紹介

コミュニティ政策学会中国地域研究支部編集委員会

メンバー（50音順）

安藤周治（NPO法人ひろしまね理事長・NPO法人ひろしまNPOセンター代表理事）

金谷信子（広島市立大学）

手島洋（県立広島大学）

前山総一郎（福山市立大学・（兼任）ワシントン大学）

コミュニティ政策学会監修

まちづくりブックレット　7

新たな時代への地域運営組織を考える――守る・攻める・創る　江の川流域の取組から

2024年7月30日　　初　版第1刷発行

〔検印省略〕
定価は表紙に表示してあります。

著者© コミュニティ政策学会 中国地域研究支部編集委員会　／発行者 下田勝司　　印刷・製本／中央精版印刷

東京都文京区向丘1-20-6　　郵便振替 00110-6-37828
〒113-0023　TEL (03) 3818-5521　FAX (03) 3818-5514

発行所 株式会社 東信堂

Published by TOSHINDO PUBLISHING CO., LTD.
1-20-6, Mukougaoka, Bunkyo-ku, Tokyo, 113-0023, Japan
E-mail : tk203444@fsinet.or.jp　http://www.toshindo-pub.com

ISBN978-4-7989-1917-1 C3036

東信堂

- 自治と参加の理論—住民投票制度と辺野古争訟を中心として　武田真一郎　四六〇〇円
- 異説・行政法—後衛の山から主峰を望む　武田真一郎　三二〇〇円
- 吉野川住民投票—市民参加のレシピ　武田真一郎　一八〇〇円
- 生協共済の未来へのチャレンジ　公益財団法人 生協総合研究所 生協共済研究会　二三〇〇円
- 二〇五〇年 新しい地域社会を創る—「集いの館」構想と生協の役割　生協総合研究所編　一五〇〇円
- 歴史認識と民主主義深化の社会学　庄司興吉編著　四二〇〇円
- 主権者の社会認識—自分自身と向き合う　庄司興吉　二六〇〇円
- 主権者の協同社会へ—新時代の大学教育と大学生協　庄司興吉　二四〇〇円
- 地球市民学を創る—地球社会の危機と変革のなかで　庄司興吉編著　三二〇〇円
- 社会学の射程—ポストコロニアルな地球市民の社会学へ　庄司興吉　三二〇〇円
- 社会的自我論の現代的展開　船津衛　二四〇〇円
- 組織の存立構造論と両義性論—社会学理論の重層的探究　舩橋晴俊　二五〇〇円
- 階級・ジェンダー・再生産—現代資本主義社会の存続メカニズム　橋本健二　三二〇〇円
- 現代日本の階級構造—理論・方法・計量分析　橋本健二　四五〇〇円
- 自立支援の実践知—阪神・淡路大震災と共同・市民社会　似田貝香門編　三八〇〇円
- 〔改訂版〕ボランティア活動の論理—ボランタリズムとサブシステンス　西山志保　三六〇〇円
- 自立と支援の社会学—阪神大震災とボランティア　佐藤恵　三二〇〇円
- NPO実践マネジメント入門〔第3版〕　パブリックリソース財団編　二八〇〇円
- 現代行政学とガバナンス研究　堀雅晴　二八〇〇円
- 個人化する社会と行政の変容—情報、コミュニケーションによるガバナンスの展開　藤谷忠昭　三八〇〇円
- コミュニティワークの教育的実践　高橋満　二〇〇〇円
- NPOの公共性と生涯学習のガバナンス　高橋満　二八〇〇円

※定価：表示価格（本体）＋税

〒113-0023　東京都文京区向丘 1-20-6　TEL 03-3818-5521　FAX03-3818-5514
Email tk203444@fsinet.or.jp　URL:http://www.toshindo-pub.com/

東信堂

居住福祉新ブックレット

- ①居住福祉を学ぶ—居住福祉教育課程の構想　岡本祥浩　一二〇〇円
- ②ふるさとの原風景をふたたび—歴史遺産を活かした地域づくり　黒田睦子　一二〇〇円
- ③ウトロ・強制立ち退きとの闘い　斎藤正樹　一二〇〇円
- ④地域を基盤とした福祉のしくみ—イタリアの取り組みから　野村恭代　一〇〇〇円

〈居住福祉ブックレット〉

- 居住福祉資源発見の旅：新しい福祉空間、懐かしい癒しの場　早川和男　七〇〇円
- どこへ行く住宅政策：進む市場化、なくなる居住のセーフティネット　本間義人　七〇〇円
- 漢字の語源にみる居住福祉の思想　李桓　七〇〇円
- 日本の居住政策と障害をもつ人　大本圭野　七〇〇円
- 障害者・高齢者と麦の郷のこころ：住民、そして地域とともに　伊藤静美・田中秀樹・加藤直人　七〇〇円
- 地場工務店とともに：健康住宅普及への途　山本里見　七〇〇円
- 子どもの道くさ　水月昭道　七〇〇円
- 居住福祉法学の構想　吉田邦彦　七〇〇円
- 奈良町の暮らしと福祉：市民主体のまちづくり　黒田睦子　七〇〇円
- 精神科医がめざす近隣力再建：進む「子育て」砂漠化、はびこる「付き合い拒否」症候群　中澤正夫　七〇〇円
- 住むことは生きること：鳥取県西部地震と住宅再建支援　片山善博　七〇〇円
- 最下流ホームレス村から日本を見れば　ありむら潜　七〇〇円
- 世界の借家人運動：あなたは住まいのセーフティネットを信じられますか？　髙島一夫　七〇〇円
- 「居住福祉学」の理論的構築　柳中権・張秀萍　七〇〇円
- 居住福祉資源発見の旅Ⅱ：地域の福祉力・教育力・防災力　早川和男　七〇〇円
- 居住福祉の世界：早川和男対談集　早川和男　七〇〇円
- 医療・福祉の沢内と地域演劇の湯田：岩手県西和賀町のまちづくり　高橋典成・金持伸子　七〇〇円
- 「居住福祉資源」の経済学　神野武美　七〇〇円
- 長生きマンション・長生き団地　千代崎一夫・山下千佳　八〇〇円
- 高齢社会の住まいづくり・まちづくり　蔵田力　七〇〇円
- シックハウス病への挑戦：その予防・治療・撲滅のために　後藤三郎・迎田允武　七〇〇円
- 韓国・居住貧困とのたたかい：居住福祉の実践を歩く　全泓奎　七〇〇円
- 精神障碍者の居住福祉：宇和島における実践（二〇〇六〜二〇一一）　財団法人 正光会編　七〇〇円

※定価：表示価格（本体）＋税

〒113-0023　東京都文京区向丘1-20-6　TEL 03-3818-5521　FAX03-3818-5514
Email tk203444@fsinet.or.jp　URL:http://www.toshindo-pub.com/

東信堂

東信堂

ベーシック条約集〔二〇二四年版〕	編集代表 浅田正彦	二七〇〇円
ハンディ条約集〔第2版〕	編集代表 浅田正彦	一六〇〇円
国際法〔第5版〕	浅田正彦編著	三〇〇〇円
国際環境条約・資料集	編集 松井・富岡・田中・薬師寺・坂元・高村・西村	八六〇〇円
国際人権条約・宣言集〔第3版〕	編集 松井・薬師寺・坂元・小畑・徳川	三八〇〇円
国際機構条約・資料集〔第2版〕	編集代表 香西茂 安藤仁介	三二〇〇円
判例国際法〔第3版〕	編集代表 薬師寺・坂元・浅田・酒井	三九〇〇円
国際法新講〔上〕〔下〕	田畑茂二郎	〔上〕二九〇〇円 〔下〕二七〇〇円
ウクライナ戦争をめぐる国際法と国際政治経済	浅田正彦 玉田大 編著	二六〇〇円
現代国際法の潮流Ⅰ・Ⅱ【坂元茂樹・薬師寺公夫両先生古稀記念論集】	編集 浅田・桐山・徳川・西村・樋口	各八四〇〇円
21世紀の国際法と海洋法の課題	編集 松井・富岡・坂元・薬師寺・桐山・西村	七八〇〇円
国際海洋法の現代的形成	田中則夫	六八〇〇円
在外邦人の保護・救出—朝鮮半島と台湾海峡有事への対応	武田康裕編著	四二〇〇円
条約法の理論と実際〔第2版〕	坂元茂樹	七〇〇〇円
国際法で読み解く外交問題	坂元茂樹	二八〇〇円
国際海峡	坂元茂樹編著	四六〇〇円
グローバル化する世界と法の課題	編集 松井芳郎・木棚照一・薬師寺公夫・山形英郎	八二〇〇円
現代国際法の思想と構造Ⅰ—歴史、国家、機構、条約、人権	編集 松田竹男・田中則夫・薬師寺公夫・坂元茂樹	六二〇〇円
現代国際法の思想と構造Ⅱ—環境、海洋、刑事、紛争、展望	編集 松田竹男・田中則夫・薬師寺公夫・坂元茂樹	六八〇〇円
日中戦後賠償と国際法	浅田正彦	五二〇〇円
国際環境法の基本原則	松井芳郎	三八〇〇円
大量破壊兵器と国際法	阿部達也	五七〇〇円
サイバーセキュリティと国際法の基本—国連における議論を中心に	赤堀毅	二〇〇〇円

国際法・外交ブックレット

書名	著者	価格
為替操作、政府系ファンド、途上国債務と国際法	中谷和弘	一〇〇〇円
イランの核問題と国際法	浅田正彦	一〇〇〇円
もう一つの国際仲裁	中谷和弘	一〇〇〇円
化学兵器の使用と国際法—シリアをめぐって—	浅田正彦	一〇〇〇円
国際刑事裁判所—国際犯罪を裁く—	尾﨑久仁子	一〇〇〇円
気候変動問題と国際法	西村智朗	一〇〇〇円

※定価：表示価格（本体）＋税

〒113-0023　東京都文京区向丘 1-20-6　TEL 03-3818-5521　FAX03-3818-5514
Email tk203444@fsinet.or.jp　URL:http://www.toshindo-pub.com/